# 中共太孫黨

## 十大太子黨家族第三代
## 發跡內情

新紀元周刊編輯部

# 目錄

中共太孫黨

第一章

# 太孫黨崛起
# 「江山還是我們的！」

## 第一節

# 鄧家紅三代搶灘緣由

鄧小平唯一孫子鄧卓棣
任職廣西平果縣副縣長。
2013 年 5 月 2 日，廣西
百色。（新紀元資料室）

　　2013 年 5 月 3 日，《雲南資訊報》首次披露鄧小平之孫、28 歲的
鄧卓棣任職廣西省平果縣副縣長。文章還說，「據當地幹部群眾介紹，
鄧卓棣給人們留下的印象是知識淵博、能力突出，但為人低調、謙虛謹
慎、勤奮好學，從不接受記者採訪。」

　　消息傳出後人們議論紛紛。《21 世紀經濟報導》引述平果縣委宣
傳部的話說，2012 年 12 月鄧卓棣就被任命為平果縣副縣長，並非網上
傳說的「掛職」，不過隔年 5 月 8 日人們查詢平果縣政府官網，既未見
到有關鄧卓棣的活動報導，也沒在「領導之窗」的縣政府官員名單中發
現鄧卓棣的名字，人們猜測網站還未更新的原因是鄧卓棣並沒真正在平
果縣露面太多。

　　鄧卓棣系鄧小平的小兒子鄧質方與妻子劉小元在美國期間留學所
生，曾就讀於北京大學法學院。2008 年杜克大學法學院法學碩士畢業
後在美國紐約一家律師所工作，2012 年回到中國，2013 年公開在大陸

官場亮相。

關於鄧小平這唯一的孫子之出生日期，人們說法不一。中共官方只說他於 1985 年出生，沒有具體月份及日期，但美國自由亞洲電台 2013 年 5 月 7 日發表高新撰寫的《鄧小平孫子已經為中共政權作出過卓越貢獻》一文表示：「1986 年 10 月 17 日，劉小元在美國為他生了一個男孩。此前，鄧質方原計畫暑假送妻子回北京生產的，後來，經醫生檢查，說那樣很危險，不如在美國生安全。」假如鄧卓棣是 1986 年 10 月出生，那麼這樣算來，他於 2012 年 12 月當上副縣長時才 26 歲零兩個月。這恐怕是中共最年輕的副縣長之一。

## 美國國籍與性騷擾傳言

公開資料顯示，鄧卓棣的母親劉小元 1982 年畢業於廣州中山大學，1983 年和鄧質方一起赴美，讀書期間生下鄧卓棣；1988 年畢業於美國紐約羅賈斯特大學，獲得生物物理學博士學位（鄧質方也在該校獲得量子物理學博士學位）；1989 年回國在中國科招高技術有限公司工作。

有人質疑鄧卓棣的國籍。根據美國法律，在美國出生嬰兒即為美國公民，有傳聞稱鄧小平曾說：「誰說我的孫子是美國公民，他回到中國就是中國公民。」據一位先後 17 次到過美國的網路作家介紹，在美國他聽說鄧卓棣出生在「中華人民共和國駐美國大使館內的中國屬地。在他出身後的三天，即送回中國。是他伯父鄧樸方親自去接的機，因此鄧卓棣一直叫鄧樸方為大爹，所以他不擁有美國國籍。」

不過從常識來看，一個年輕母親生孩子，哪怕是中國留學生，也會到當地醫院生產，而不會到大使館的醫務室，因為中共駐美大使館裡面並沒有一個小醫院。按照美國憲法，在美國領土出生的嬰兒，天然具

有美國國籍。假如鄧卓棣真的出生在使館內的中國領土，中共方面早就會站出來「澄清謠言」了，官方的沉默、加上鄧小平那句話，他的孫子可以擁有美國國籍，這一點是肯定的，當然他也可以放棄美國國籍。不過，鄧卓棣後來去美國讀書工作，是用美國護照或中國護照，那就有待調查了。

人們在議論鄧卓棣是否經過公務員考試的同時，還議論「鄧卓棣2011 年 9 月曾因性騷擾案在美遭捕，隨後以 20 萬美元和解」的傳言。這個消息最早來源於 2011 年 11 月 27 日的博訊報導《鄧小平孫子因性騷擾女留學生曾被美國警方拘留》。

由於沒有其他來源證實，是否有此事發生人們不得而知，不過鄧卓棣倒是 2012 年回中國的。有消息說，幫他安排仕途的是前中共國家副主席曾慶紅與時任廣西自治區委書記郭聲琨。廣西百色與鄧家素有歷史淵源，1929 年 12 月，鄧小平曾在當地發起武裝暴動，成立了紅軍第七軍。

## 鄧家面臨喪權後的被清算

鄧小平一生結過三次婚，但三女二子都是與卓琳所生。高新在文章中分析了鄧家為何迫不及待地要把 26 歲孫子扶上仕途的原因。2013 年3 月中共兩會上，鄧樸方的全國政協副主席席次被迫讓給了陳元，鄧楠雖然是全國政協常委，但她的正部級實權位置：中國科協黨組書記兼書記處第一書記的職務，被迫讓給了習近平的昔日同窗陳希。

高新說：「隨著 40 年代出生的鄧樸方和鄧楠政治生涯的結束，50年代出生的鄧三公主鄧榕和鄧二公子鄧質方如果能夠被安排為正省部級職務的話，仍尚屬年富力強，但事與願違。也許有人還記得 2012 年

年底發生的鄧榕在官方媒體出鏡後被立即刪除的詭異事件，幕後原因就是 1997 年鄧小平死後江澤民與鄧家有約，鄧家子女中鄧質方和鄧榕不得繼續在重要場合進行公開活動，限制鄧質方的理由是他的經商副手周北方因罪大惡極被判處死緩而鄧質方卻能逍遙法外，在國際國內、黨外黨內的影響極壞，令鄧質方淡出公眾視野是令輿論消音的唯一辦法。限制鄧榕的原因是她在江澤民任上以鄧小平代言人自居，令江澤民恨之入骨，如果她本人抗拒接受江澤民所開出的交換條件的話，她的在掌管全軍武器進出口貿易期間屢犯大忌的賀平丈夫就會被要求『說清楚』。」

兩天後，高新還發表了《竊雞者終身監禁，竊國者福蔭子孫》的後續評論，介紹當初鄧質方何等瘋狂地撈錢。「上點歲數的中國人都還記得 1989 年北京大學生的遊行隊伍中喊出了『毛主席的兒子上前線，鄧小平的兒子倒彩電』的口號，結果是被激怒了的鄧大家長派出坦克部隊血洗了長安街，而他那『倒彩電』的大兒子鄧樸方日後則因為中央委員屢選不中一怒之下乾脆直接當了黨和國家二級領導人，如今雖已榮退，但終身榮華富貴是國庫依『法』確保的。」

再說已經安排自己兒子鄧卓棣棄美返華、棄商從政的鄧小平二兒子鄧質方。鄧質方當年學成回國後，對從事自己所學專業或者擔任科技部門官僚的安排都不感興趣，而是直接進入了當時中國最大的官商公司中信集團。

高新在文中提到，鄧質方當時身體力行他父親「讓一部分人先富起來」政策的本領，一時間，北京有他的公司、海南有他的地產、上海有他的房產、香港有他的控股⋯⋯

高新還透露了鄧質方藉出口人力發大財。「現如今，外界回憶起當年的鄧質方，印象最深的莫過於海南、北京和深圳等地的以權易地、以

地吸金的迅速暴富手段，而對他靠對外『合法』出口華工聚斂第一筆財富的經歷則鮮有所知。」

「1992 年初，北京商海裡突然冒出一家『中國對外建設總公司』，鄧質方名列第一副總理經理。該公司依據中共國務院有關部門的正式認可，統一經營和管理中國大陸的勞工對外出口。此前，中國大陸的對外勞工出口一直是由中國建築工程總公司統管，而鄧質方的這家公司，可說是因人而設。自此，中國大陸各地的對外勞工出口都要經過這家公司統一安排和分配項目、名額，權限之大可以想見。每安排成功一樁勞工出口事務，該公司即要從對方所付款額中提取百分之三十以上的『管理費』。根據當時中共官方公布的數字，鄧質方的這家『豬仔公司』成立的當年，即向世界各國出口勞務百萬人次，油水之豐厚可以想見。」

## 只有緊握權力 才能保住財富

「鄧家第二代隨著鄧小平的去世，均不在商界高調拋頭露面了。但是，鄧家上下和所有中共權貴家族的成員們誰都明白，只要（中共）政權在，不但可以保證撈夠了的世世代代坐享榮華富貴，更可以保證貪得無厭者撈無止境。但若政權有了閃失，已經撈到的都有可能被迫吐回去。如今，習近平的接班至少可以保證未來十年內仍然是紅旗不倒，但十年之後呢？可見，無論是李小鵬的棄商從政，還是鄧卓棣的棄美返華，都是基於政權接力的考慮。李小鵬用來保證下一代，鄧卓棣用來保證下下一代。」

不過對於鄧卓棣，高新倒是幽默地稱他為中共做了大貢獻。「1989年 11 月中共正式宣布鄧小平『退休』那天，鄧小平被眾位『第三代領導集體』成員和幾位主要政治元老簇擁著合照了一張『全黨福』之後，

江澤民用了一句很不適合他自己身分的古語向鄧小平道別：『我一定要鞠躬盡瘁，死而後已。』當時的其他在場者聽完江澤民這句話都目瞪口呆，鄧小平本人心裡更不可能受用。」

鄧小平都要退休，而江澤民卻表態要「鞠躬盡瘁，死而後已」，一直幹到死也不退，當時鄧心裡不痛快，但他不知道這句話道出江澤民的心聲，事實上江澤民也真的戀權不退，直到今日他還在背地裡指使劉雲山、張德江等人，阻撓後來人對他錯誤發動鎮壓法輪功這個第二次文革的清算，直到胡錦濤全退、「捨身炸碉堡」，才換來阻止老人干政的中共黨內祕密協議。

鄧卓棣一直在鄧小平身邊長大，鄧小平無論去哪，都把這個「小弟」帶著，高新認為，「僅僅是陪伴鄧小平同志安然度過了『政治更年期』一項，這位鄧卓棣對中共政權的貢獻用『卓越』二字形容絕不過分。」

鄧小平有一名孫子、一名外孫和兩名外孫女，名字均以「鄧卓」開頭，「卓」字取自鄧小平太太卓琳的姓，不過有人發現，鄧家後人用這個卓字，主要是想取其「卓越」的含義。比如，鄧質方之子鄧卓棣，與「鄧卓帝」同音，卓越皇帝，鄧榕之女鄧卓玥，與鄧卓越同音；鄧林之子鄧卓泝（音同樹），卓有建樹的含義；鄧楠之女鄧卓芮（音同銳），取卓越瑞睿的含義。

望子成龍，望女成鳳，這是人之常情，在西方也有很多政治世家，上下幾代人都搞政治，但由於中共的特權體制，高幹子弟和平民百姓不是在同一起跑線上競爭，而是「王侯將相寧有種乎？」制度的不公正是激發人們對紅三代、紅四代反感的根源。

第二節

# 世襲路上 葉家第四代領先上陣

Online information sources suggests that
Ye Zhonghao was born in the U.S. as well.

葉劍英的曾孫葉仲豪為中共正處
（縣）級官員，領先鄧小平孫子
半級。

　　就在人們議論鄧家 80 後的紅三代升為副縣長之時，港媒對比報導
說，葉劍英 30 歲的曾孫葉仲豪早已是中共共青團雲浮市委書記，為正
處（縣）級，比鄧卓棣還高半級。

　　葉仲豪是中共前廣東省長葉選平之孫，網上消息稱，他也在美國
出生。公開資料顯示，葉仲豪生於 1983 年，廣州中山大學管理學院
EMBA 畢業後，曾任廣東省體育對外交流中心綜合部長；2009 年 7 月
任羅定市（縣級市）市長助理；2011 年 6 月任雲浮市發改局副局長；
2012 年 8 月升任正處級的共青團雲浮市委書記。

　　資料顯示，88 歲的葉選平有兩個兒子，均在廣東工作且各有一子。
葉選平其中一子名葉福新，1992 年曾在香港創立萬信證券，現任廣東
南湖高爾夫球會董事長，另一子姓名職業不詳。兩名孫子除葉仲豪外，
另一名為葉丁。

　　葉劍英曾孫和鄧小平之孫的任職，讓「紅三代」、「紅四代」的國

籍及中共世襲制成為熱議焦點。

## 王侯將相寧有種乎？

所謂中共紅色貴族血統，父母應是行政 13 級以上，或有「廳局級」以上的待遇（部隊應為師級），才能夠算「幹部子弟」，稱得上「紅色貴族」。「紅色貴族」們大都是跟著毛澤東進京的中共老幹部，屬打江山的一代，他們的子女生長在北京，造就出北京特有的「紅色貴族文化」，形成了他們自己的「圈子」。

如今這些紅色貴族的紅二代、紅三代、紅四代甚至紅五代，已經逐步走入公共視線中。男的當官發財，女的搞慈善社交，走「高貴且高調」的藝術之路。這些紅後代們，要風得風，要雨得雨，成了新一代的特權貴族。網友諷刺說，中共的封建世襲制已經預排到「重孫輩」了。

在上世紀 80 年代，在中共最高層，最主要的「太子黨」圈子以「太子黨」第二梯隊最為出名，分別以葉劍英之子葉選寧、胡耀邦之子胡德平、鄧小平之子鄧樸方、王震之子王軍、陳雲之子陳元、陶鑄之女陶斯亮、楊尚昆之子楊紹明為首。有知情人表示，他們彼此之間時而互相利用，時而爭風吃醋，互不買帳，任何「外來人」想往上爬，往往會依附其中一派。

90 年代，隨著江澤民勢力的膨脹，具有「上海幫」色彩的第二梯隊的太子黨曾慶紅派迅速崛起，不斷擴張自己的政治版圖和搶占國家的經濟命脈。到了 21 世紀，習仲勳之子習近平、黃敬之子俞正聲等第三梯隊登入中共政治的中心舞台。

同為元老之後，習近平從河北省正定縣副縣長任上開始，邁上中共最高領導人之位；薄熙來從遼寧省金縣縣委副書記任上開始，卻走向了

監牢。有評論指出，「未知的，這個鄧小平的孫子，是登上高位的習近平？還是打入牢籠的薄熙來？」

有人曾問鄧卓棣，爺爺對他的最大影響是什麼，小鄧答：「應該是橋牌吧。我小時候總看爺爺打橋牌……」不過現在看來恐怕是鄧的「為官之道」吧，否則，一個接受西方法制教育的年輕人，怎麼會放棄自由的環境回中國西南小縣城當官呢？

有評論認為，由於紅二代把中國搞得貧富兩極分化，他們雖然擁有很多錢，但深感政權不穩，於是安排紅三代、紅四代插足政壇，以權保錢。不過，中共世襲制的安排，表現上好像是自信人民無法推翻其政權，其江山還能代代紅，但這種插足安排的本身，也是中共不安全感的顯露，故而只能將政治權力和經濟資源都集中在紅色後代手中，他們才能稍感安心。

## 具有留洋背景的太孫黨

北韓的世襲制，已經進入紅三代；中共的世襲制，正從紅二代向紅三代過渡。與北韓金正恩留學瑞典後回國當獨裁者一樣，中共的太孫黨也大多有留洋鍍金的簡歷。比如鄧小平的外孫女鄧卓玥、葉劍英的孫女葉靜子、萬里的孫女萬寶寶、陳雲的孫女陳曉丹等均是有歐美教育背景回大陸進入商界的「成功」紅三代。

毛澤東外孫女孔東梅 1999 年赴美國賓夕法尼亞大學攻讀國際傳播與媒體研究碩士學位，2001 年回中國設立了北京東潤菊香書屋有限公司；鄧小平外孫女卓玥畢業於美國著名的威爾斯利學院（Wellesley College）。

萬里的孫女萬寶寶更是「揚名海內外」。16 歲，啣著金湯匙出生的

萬寶寶有感自己的世界不夠大，連 ABC 也未學懂就毅然前往美國，一走就是七年。她先到美國讀法國文學和攝影，20 歲再往巴黎進修法文。

葉劍英孫女葉明子 13 歲隻身到英國倫敦求學，之後考入了全球最著名的藝術設計大學聖馬丁（Saint Martins）深造，大學研修期間前往東京，後在北京設立設計工作室：Studio Regal。

江澤民的長子江綿恆在費城的爵克塞爾大學電氣和計算機工程系獲博士學位。他的兒子，也是江澤民唯一的孫子江志成，2008 年秋天進入哈佛大學經濟系就讀四年級。後來，江志成到高盛公司工作，並在香港成立自己的公司。

據港媒報導，葉劍英的兒子、曾經擔任總政聯絡部長的葉選寧，當年曾經祕密布署太子黨、太孫黨成員約 3000 人出國留學。這些人多年之後早已學成，部分已經回中國，另一部分奉命定居所在國，已在當地扎根，有些已經事業有成。他們的目的也是隨時準備接父輩的班，掌管「他們自己」的江山。

## 彭博曝光 103 位太子、太孫黨財產

2012 年 12 月 26 日，就在中共黨魁毛澤東 120 年冥誕的當天，美國「彭博社」發表長篇報導，追蹤中共最有權勢的「八大元老」的直系後代及其配偶的財富狀況。「八老」是指鄧小平、王震、陳雲、李先念、彭真、宋任窮、楊尚昆和薄一波八人，彭博社一共調查了這八人的 103 位後代的財產。

報導說，八老撒下對共產黨權威構成最大挑戰的種子。他們把一些國家的關鍵資產委託給他們的子女，他們許多人因此致富。這是一個新的精英階級的開始，現在被稱為「太子黨」。這個新的精英階級的非法

暴富，點燃了公眾對於財富不平等的憤怒。

在 1980 年代，太子黨被選出經營新的國家集團企業。在 90 年代，他們進軍房地產以及國家日益飢渴的煤炭鋼鐵產業，在中國融入全球經濟的時刻，今天的八老孫子輩是私募投資玩家。

彭博社編纂的數據顯示，26 名八老後代經營或持有主宰經濟的國營公司的高級職務。三個子女——王震的兒子王軍；鄧小平的女婿何平；陳雲的兒子陳元，掌管經營著總資產 1.6 萬億美元的國營公司。這超過中國年經濟產出的五分之一。這些太子黨家族受益於他們對國營公司的控制，在擁抱市場經濟的過程中聚斂了私人財富。103 人當中的 43％經營自己的企業或者成為私營公司的高管。

如今中共第三代——八老的孫子輩和他們的配偶，其中許多人處於30～40 歲，在他們的私募行業工作中成功的利用家庭關係和海外教育。31 個第三代成員中，至少 11 人經營自己的企業或持有高管職位，大多數是在金融業和科技界。部分受雇於華爾街銀行，包括花旗銀行和摩根斯坦利。至少六個就職於私募股權投資和風險投資公司。這些金融企業或公司有時候雇傭太子黨，意圖利用他們的關係贏得業務。

中國是世界上貧富分化最嚴重的國家之一，比分析家預測潛在社會動盪的水準高出 50％，根據中共中央銀行支持的一項調查顯示，抗議、暴動常常跟地方腐敗和環境退化有關，在五年內翻番，在 2010 年達到一天 500 起。

研究中國的學者估計，中國的財富和影響力集中在最少 14 個家族、最多幾百個家族手中。研究中國精英政治的哈佛歷史學家羅德里克‧麥克法夸爾（Roderick MacFarquhar）說：「蔣介石統治中國的時期有四大家族，現在有 44 大家族。」這些家族現在都在為自己尋找政治接班人。

## 一副對聯與血統論和世襲制

西元前 209 年，在大澤鄉那個大雨滂沱的夜晚，陳勝、吳廣發出了振聾發聵的吶喊：「王侯將相，寧有種乎？」即使在封建社會「血統論」盛行的時候，也有「學而優則仕」的科舉制度，貧困書生要是金榜題名，也能走上仕途，為官造福百姓。而 21 世紀的中國，底層百姓的上升通道卻越來越難走了。

經歷過文化大革命的人，一定知道以宣揚血統論而聞名全中國的太子黨譚力夫。1942 年出生在延安的中共高幹子弟譚力夫，在 1966 年 7 月 29 日以「鬼見愁」的署名寫下那著名的對聯：「上聯：老子英雄兒好漢，下聯：老子反動兒混蛋，橫批：基本如此」，這很快成為文革最初「革命小將們」信奉的真理。

不過人們發現，第一批以中共高幹子弟為主的紅衛兵，很快就從「紅五類」變成了「黑五類」，他們以為文革的目的就是「橫掃一切牛鬼蛇神」，殊不知文革的終極目標是「打倒黨內走資本主義的當權派」，「揪出睡在我們身邊的赫魯曉夫」。他們萬萬沒有想到，革命革來革去最後竟然革到自己父母頭上了，於是「聯動」成員很快成為文革最堅決的反對者，面對揪「走資派」的狂潮，他們響亮地喊出要當「保爸保媽派」的口號。

不久，譚力夫的對聯就受到中共中央文革的嚴厲批評，進入 70 年代後，革命的主體表面上是工、農、兵當家作主，當權派與走資派靠邊站，當時譚力夫也被下放到農村接受再教育，不過那時他說了一句話，不怕你們工、農、兵鬧得多歡，「40 年後，江山還是我們的！」

果不其然。中共在折騰了一圈之後又回到原地。昔日由高幹子女組成的「聯動」，如今其成員要麼是手握重權，居廟堂之高；要麼是大

公司的董事長 CEO，身家億萬；要麼是定居歐美，成為寓居海外的高等華人：他們的家族仍然是世襲的權貴階層。如今中國億萬富豪約有3000 人，太子黨占了 91%。

1998 年 6 月，克林頓以美國總統的身分到訪故宮博物院，陪同他觀看中華文物的故宮博物院黨委書記譚斌，就是「老子英雄兒好漢，老子反動兒混蛋」的發明者譚力夫。譚力夫曾中共部隊工作，後以大校軍銜轉業至中共國務院直屬單位，1996 年被國務院評為享受政府特殊津貼之突出貢獻的文化行政管理專家。他預言的「40 年後江山還是我們的！」現在真的是應驗了。

如今中共最高黨魁習近平就是太子黨，而中共第五代領導人中，太子黨占了相當大的比例，七名中共政治局常委中就至少占有三名。不過隨著團派的晉升，各種政治勢力瓜分權力的大餅分額也在不斷變遷，眾多太子黨已經深刻認識中共政權的不穩，以及自己的權力不保，於是，紅三代、紅四代、甚至紅五代，就竭力在政壇上插旗，因為他們認定，權力才是保證他們財富的最根本基礎，失去政權什麼都沒了。

有的太子黨、太孫黨即使沒有涉足政治，也在經濟、藝術、文化等領域占領了一些小山頭，有的太子黨把後代的培養範圍從直系親屬擴大到乾兒子、乾女兒等。西方也有很多政治世家，不過他們的後代卻不能享有在中共專制社會裡的那些特權。且看中共紅後代們是如何憑藉特權，獲取各種利益的內幕。

## 按爹分配？中共世襲接班內幕

如今中共政權的家族傳承，不光發生在高層太子黨，不光是少數人，而是集體行為，是從上到下整體的、有共識、有計畫的集體行動。

2011 年 10 月，北京大學攻讀社會學博士馮軍旗的論文《中縣幹部》引起廣泛關注。據《南方周末》報導，馮軍旗為完成博士論文，於 2008 年深入中原腹地的一個農業縣掛職兩年，他藉「職務之便」收集中共官員在年齡、學歷方面的造假證據，披露該縣改革開放以來的虛假政績工程，甚至蒐羅了該縣 1013 名副科級及以上幹部的簡歷，以及他們升遷路上的「奧祕」。該縣面積 1000 多平方公里，人口約 80 萬，2009 年縣財政收入兩億多元，支出為八個多億。

其實，馮軍旗調研的就是河南省新野縣。他發現，在這個副科級及以上中共幹部僅有 1000 多人的農業縣裡，竟然存在著 21 個政治「大家族」和 140 個政治「小家族」。在這個龐大的「政治家族」網絡中，一些祕而不宣的潛規則變得清晰可見。

有的官位「世襲」，或是幾代人，或是親屬連續穩坐同一官位；有的裙帶提拔，凡是副處級及以上中共幹部的子女，至少擁有一個副科級以上職務；普遍的規則是「不落空」現象，幹部子弟們的工作會隨著單位盛衰而流動。

更為可怕的是，政治家族之間並不割裂，往往以聯姻或者拜乾親的方式不斷擴大，「幾乎找不到一個孤立的家族」。如此的門當戶對，如此的「龍生龍、鳳生鳳」，除了阻斷草根百姓的上升通道之外，政治家族化使官場生態更惡劣。

在河南新野，馮軍旗先到一個鄉掛職副鄉長。剛去的兩周裡，鄉裡領導班子的十幾名成員輪番為新到任的副鄉長接風，酒量只有一兩的馮軍旗吐了半個月。有人偷塞給他兩盒「速效救心丸」和「丹參滴丸」，並解釋說，這是「官場必備良藥」。好心人提醒他，當官的要有當官的樣，過去的軍官是四個口袋，現在官兵就更加分明，於是馮特意買了兩件有牌子的衣服，同事笑著說：「馮博士你這個穿著才像副鄉長

嘛！」次年馮軍旗改任縣長助理，他迎來了一個祕書、一輛黑色的桑塔納 3000 轎車以及一套 100 多平方米的三居室。可別忘了，這可是個收入只占支出四分之一的貧困縣。

《蘋果日報》曾比較中共高層太子黨接班，與基層家族的「官二代」有三大不同。

一、有輿論護航，沒有地方高幹子女火速竄升後，被線民轟下台之虞。凡被線民踢爆、又有報章跟進的火箭縣長、火箭市長，大多難逃下台結局，如湖南湘潭副縣長徐韜、廣東揭東副區長江中詠等。但官方有意披露的世襲高幹，如廣西平果縣副縣長、鄧小平的孫子鄧卓棣，廣東雲浮市團委書記、葉劍英曾孫葉仲豪等，當地組織部、宣傳部都負有保駕任務。

二、是打通政商學通道，隨時可官可商、亦官亦商，沒有考公務員之慮。大陸大學生要加入公務員隊伍，似千軍萬馬爭奪獨木橋，2013年的報考與錄取比例是 90 比 1。但中共領導人的子孫可以任意做官或經商，來去自由，暢通無阻。

三、是不同代領導人的子女，世襲的分級清晰，沒有分贓不均之憂。中共第二代領導人鄧小平、陳雲等，其子女可任國家級領導人，繼鄧樸方之後，有中共政協副主席陳元；第三代的江澤民、李鵬等，其子女可任省部長，如山西省長李小鵬；第四代的胡錦濤、吳邦國等，其子女可任司局長。高幹世襲的分級已隱隱排成接班梯隊。

中共的獨裁統治，妄想通過世代傳承延續下去，所謂「紅色江山傳萬代」，與北韓金家王朝不同的是，中共無法以一個獨裁者來實現其統治，而是通過所謂「黨的領導核心」來維持這個腐朽制度；而「紅色江山」更是其通過全面洗腦，強加給中國百姓的虛幻概念。中共以「革命先烈拋頭顱、灑熱血換來的紅色江山」這個血色包裝將該黨非法統治

合法化，進而令民眾不能質疑、更不能挑戰其利益集團後代堂而皇之一代代接過權杖的陰謀。而中國民眾則只能一代比一代的貧窮和不自由下去，在暴政下苟活。這比北韓金家公開做皇帝更具欺騙性，也更卑鄙。因此，中國人民不結束共黨統治，太子黨這個極權統治變種，便會一代代壟斷中國的經濟與政治，直至最終毀掉中華民族。

中共太孫黨

# 第二章

# 毛澤東家族

（AFP）

## 第一節

# 毛岸青之子：毛新宇

「毛家後代無官無商，『我爺爺』沒有一分錢存款。」已是少將官階的毛新宇此番言論，引網友譁然。
（Getty Images）

## 任愚公移山研究會會長

2013 年 6 月 25 日，河南省愚公移山精神研究會在愚公故里濟源市舉行了第一次會員代表暨成立大會。中共前黨魁毛澤東嫡孫、共軍軍事科學院戰略部副部長毛新宇擔任榮譽會長。消息一出，引發網友熱議。

家喻戶曉的寓言故事「愚公移山」出自戰國時期鄭國的文學家、歷史家、地理家列禦寇所著的《列子・湯問》。相傳，愚公移山的故事發生在濟源市王屋山，王屋山上有王屋鄉，王屋鄉裡有愚公村，而愚公村便是傳說中愚公的故鄉。當時王屋山屬於道教的名山，列禦寇身為當時的道家名流，三次來到王屋山遊覽，寫下了千古絕篇。

民眾評論說，愚公移山也能成立一個研究會？為何要讓毛宇新來擔任榮譽會長呢？中國應該成立的是「文革研究會」、「反右研究會」、「大饑荒」研究會，而不是愚公移山。當年毛提出的愚公移山精神，就

是典型的窮折騰精神，毫無智慧和創意的死腦筋。

　　2013 年 6 月，中共官媒刊登了毛新宇紀念其母邵華的文章。毛新宇在文中稱，邵華一家在「文革」中受到了迫害。邵華和妹妹少林連夜騎自行車出走，「在那動盪不安的歲月裡，媽媽和爸爸只能悄悄相聚，提心吊膽地生活」，後來在周恩來和葉劍英的干預下，他們才把家搬到了現在住的董四墓一號。

　　早在 2011 年時，毛新宇曾稱，毛澤東發動文革是為了「消滅四人幫和林彪」，此次毛新宇的言論立即引起民眾圍觀並熱議。有一位叫李鐵的網友發帖表示：徹底凌亂了，這到底咋回事啊？他爺爺發動文革是為了消滅他奶奶江青，而且同時把他媽邵華給迫害了。這到底咋回事啊？

　　中國社會科學院農村所社會問題研究中心主任于建嶸調侃說：李鐵啊，你這智商是硬傷。在這個問題上，少將是對的：他奶奶迫害他媽媽，他爺爺發動文革，滅了他奶奶為他媽媽報仇。邏輯完全成立。

　　2012 年 5 月，網路瘋轉毛新宇在接受採訪時說了一段大實話：「我媽媽想讓我去美國讀書……不會讓我出國的，（政府）他們怕我出去了以後思想發生變化，或者就不回來了。」

　　毛新宇在談到他爺爺毛澤東臨死前是這樣描述的：「我爺爺太偉大了，不是一般人：我爺爺直到逝世前一分鐘仍然在讀書，這一點真是太偉大了。他不是一般人！一般人早躺床上不動了。」

　　毛新宇對毛澤東的崇拜，表現在說話時「我爺爺」常掛嘴邊，民間嘲諷毛新宇是中國唯一一個以當孫子為職業的人。從 2008 年毛新宇當選政協委員到 2012 年所提的議案亦不難看出這一點。2008 年的議案是建議將毛思想運用到經濟發展、教育發展、工業布局等各個方面；2009 年的提案主題為「教育體制應引入並貫徹毛的教育思想」；2010 年的

提案建議是「在資訊化戰爭條件下，加強對毛軍事思想的學習和研究」；
2011 年提出治理淮河，原因是「我爺爺提出治淮 60 年」；2012 年焦點
轉向「反腐倡廉」，因為「我爺爺曾做出了垂範作用」，「毛家後代無
官無商，『我爺爺』沒有一分錢存款」。對於已是少將官階的毛新宇說
出「毛家後代無官無商」的言論，引網友譁然。

　　毛新宇鍥而不捨地宣傳毛思想，不過其提案並沒有得到中共官方的
採納。

## 「研究成果」與兩次婚姻

　　毛新宇 1970 年 1 月 17 日出生在北京，譜名毛世新，他於 2010 年
晉升為中共解放軍少將，同時，他還是中共政治協商會議全國委員會委
員、中華全國青年聯合會常委、北京市西城區政協委員，中共解放軍軍
事科學院戰爭理論和戰略研究部副部長。

　　中共喉舌人民網評價他：「有著堅定的理想與信念，又成績突出，
這才是毛新宇晉升為少將的最根本因素。因此，毛新宇的晉升完全依靠
的是自己良好的道德情操、黨性修養與鍛鍊，以及意志磨練，努力工作
努力奮鬥的結果。」不過據毛新宇本人承認，他能晉升為少將是與家庭
因素有關。

　　毛新宇 1992 年畢業於中國人民大學歷史系，攻讀的是明清史，
1995 年在中共中央黨校理論部獲得碩士學位，2003 年在中國軍事科學
院獲得毛澤東軍事思想方向的博士學位，隨後留校。

　　毛新宇喜歡對外發表觀點，如他認為第二次世界大戰爆發的客觀
原因是，「在希特勒打蘇聯的時候擴大戰火的時候，二戰爆發前史達
林就預見到了，要和英國、法國合作，但後者縱容法西斯來對付共產

主義。」

「在中醫方面大家都比較關注的一個問題，就是現在要重修《本草綱目》。據我了解像明朝、清朝這些都修過《本草綱目》。現在我國社會經濟發展到了一個鼎盛時期，要準備開始重修《本草綱目》。我對重修《本草綱目》這件事很重視，因為《本草綱目》是我國最著名的藥理學家、醫學家李時珍對人類最大的貢獻。」

有一次在談及個人問題時，毛新宇稱：「我和妻子的收入就是單位的工資，有時還需要我母親補助一下。我覺得生活清貧點沒什麼。」

毛新宇歷經兩次婚姻。第一任妻子郝明莉，1997 年 12 月結婚前，她是泰安御座賓館的服務員，婚後被調到北京大學國際商務系。兩人是否離婚、何時離婚，中共官方均無公開報導。有人稱郝明莉已於 2003 年死於秦城監獄。

2000 年經人介紹，毛新宇與第二任妻子鎮江姑娘劉濱相識。劉濱生於 1977 年初，屬龍，身高 1.70 米，長得漂亮大方，中學就讀鎮江第八中學。1995 年應徵入伍，1997 年考取北京一所醫科大學，畢業後曾在白求恩醫科大學附院實習，後又回母校讀研。與毛新宇認識不久，2002 年兩人結婚。

最奇異的是，毛新宇和劉濱的兒子毛東東，是在 2003 年 12 月 26 日毛澤東誕辰 110 周年這一天出世的，取名毛東東。最初因為他生在冬天，想取名毛冬東，但李訥認為「冬東」這個名字「太冷了」，還是東方的「東」比較好，因此孩子的小名在滿月前兩天被定為「東東」。

對這個兒子，毛新宇喜愛有加。在毛岸青去世兩周後，有記者請毛新宇介紹一下毛東東的情況。毛新宇說，「他從小愛唱《東方紅》，喜歡看跟曾祖父有關的歷史片，而且現在已經會背三到四首毛主席詩詞，雖然他沒有見過曾祖父，但是他跟曾祖父之間有一種天然的血脈

聯繫。」

2008 年 8 月，毛新宇與劉濱生下第二胎，是個女兒，取名毛甜懿。民間對毛新宇在有一子後又生育一女頗有微詞，認為他違反現行計畫生育政策，不過北京市 2003 年通過的《北京市人口與計畫生育條例》規定，「夫妻雙方均為獨生子女，並且只有一個子女的家庭可生育二胎」，毛新宇與劉濱兩人都是獨生子女。

## 毛新宇的第一任妻子：郝明莉

毛新宇與第一任妻子郝明莉，相識於 1994 年。

當年 4 月，毛新宇和母親邵華、外婆張文秋一起到泰安、曲阜旅遊觀光，住宿泰安御座賓館。而在小餐廳為他們服務的正是郝明莉，這是郝明莉第一次見到毛新宇。

毛新宇一行旅遊結束後，張文秋因感冒住院，毛新宇等又住到御座賓館，郝明莉第二次見到毛新宇。

此後郝明莉被告知，毛新宇對她印象較好，希望能多聯繫。1994年 5 月，郝明莉被邀請去北京，在毛新宇家住了一個星期。

1997 年，郝明莉與毛新宇結婚。當時媒體對此作了大量報導，二人的結婚照登在當年的一些刊物雜誌上。郝明莉婚後被從山東礦院（現更名為「山東科技大學」）轉學至北京大學國際商務系。

## 傳毛新宇前妻離奇死於秦城監獄

毛新宇與郝明莉第一次婚姻為何破裂，相關資訊很少。外傳毛新宇第二任妻子生下兒子三天後，毛新宇前妻便突然死在秦城監獄。

瘋傳但未經證實的消息說，2002 年 5 月，郝明莉得知毛新宇又有新歡，和毛鬧翻後，被祕密關進秦城監獄。2003 年 12 月 29 日凌晨，郝明莉死於秦城監獄。

很多人質疑為什麼毛東東出生後三天郝明莉就死了？毛新宇與郝明莉的婚姻為何破裂？離婚後為什麼郝明莉被關進秦城監獄？

有傳郝明莉婚後兩年沒有生育，郝多次外揚毛新宇性無能。有分析稱，郝或死於非命——因拒絕人工受精害了自己，又或許她知道了自己不該知道的事情。

## 毛新宇是誰的孩子？

多年來，有爆料者說：「毛新宇不是毛澤東的孫子，而是他的兒子」的說法流傳很廣。

對此傳言，民間也有很多分析和建議，比如做 DNA 檢測等，但令人奇怪的是，無論這個「有損毛主席形象」的謠言如何廣傳，中共官方從來不敢否定此事，不敢站出來「闢謠」。

毛澤東多次講過，他由於害人太多，他「絕後」了。如 1959 年 7 月 23 日，毛在廬山會議上批彭德懷時，講了關於他絕後了的問題。他鄭重其事的對全體中央委員們說：「始作俑者，其無後乎。我無後乎？中國的習慣，男孩叫有後，女孩不算。我一個兒子打死了，一個兒子瘋了，我看是沒有後的。……始作俑者是我，應該絕子絕孫。」以後他又多次講過。例如，他對康生說：「始作俑者，其無後乎，我就絕了後。」

當毛岸青小的時候，毛澤東只顧自己淫樂，把楊開慧母子三人扔在外面，楊開慧死後，毛岸青跟著哥哥到處流浪，後來就得了精神分裂症，

身體也很虛弱，經常住院治療。連和邵華結婚都是在大連市醫院裡住院時進行的。

毛岸青 1923 年 11 月 2 日出生，1960 年他和邵華結婚時，已經 37 歲了，到十年後的 1970 年 1 月 17 日才生了毛新宇，而且就這一個孩子。毛岸青為何不多生呢？那時也沒有計畫生育。

最奇特的是，毛澤東的兩個兒子娶的媳婦是兩姐妹、張文秋的兩個女兒。張文秋是個很不一般的女人，一心想攀附權貴。她先嫁給山東劉謙初，生女兒劉思齊又名劉松林，這個女兒嫁給了毛岸英。張文秋為中共在國民黨統治區充當特務，經常與男共產黨扮演夫妻，她的「丈夫」有劉先源、林育南、吳照高、李耀晶等一系列人。

後來張文秋來到延安，1937 年冬與陳振亞結婚，1938 年 10 月 30 日，張文秋生下第二個女兒，取名張少華（後改名邵華）。1941 年 5 月 21 日，陳振亞等人去迪化東部磨溝郊遊，來到一座橋上，由於年久失修，他剛坐下，小橋坍塌，砸傷在河水之中，後搶救無效死去，時年 38 歲。陳振亞死後半年，張文秋生下第三個女兒，取名張少林。

據說張文秋一心想把女兒嫁給毛澤東，好當皇帝的親家，她強迫女兒劉思齊嫁給了毛岸英。由於兩人沒感情，毛岸英屍骨未寒，她就另嫁別人了。關於邵華是如何嫁給毛岸青的，江青在 1966 年 7 月 26 日中共中央文革在北京大學召開的萬人大會上發言說，「張文秋的女兒張少華，自己說她是毛主席的兒媳婦，我們根本不承認。」（見陳伯達回憶錄）

據說張文秋指使邵華到醫院找毛岸青，並強行結婚。張文秋從小就灌輸邵華攀比思想，邵華也就從小崇拜毛，嚮往中共高幹的各種物質和精神上的特權。有人評價說，從邵華的回憶文章看，她對毛的吹捧已到了肉麻的地步。哪裡是兒媳婦誇公公啊！

事實真相到底如何，還有待邵華等當事人的澄清以及外界的調查，不過官方的緘默反而是促使民眾更加相信傳言了。

還有人發現，毛澤東的父親毛順生行為也不軌。毛順生的家譜名字叫毛貽昌，他有三個兒子，譜名為：老大毛潤芝（毛澤東），老二毛潤蓮（毛澤民），老三毛潤菊（毛澤譚）。

毛順生是地主兼商人。毛家在農忙時雇用長、短工，農閒時，倒賣糧食。文革時，韶山毛故居介紹「毛主席出身下中農」純屬謊言。

據《作家文摘》報導，毛澤東 14 歲時，由父母包辦，為他娶了 18 歲的羅氏。毛不喜歡羅氏，後離家去外讀書。毛父召集了一個宗族會，說：「娶進門的兒媳羅氏在毛家守活寡。這嫁出去的女兒像潑出去的水，也不宜退婚。既然兒子不要羅氏，我就收房了。」

毛父和羅氏同房後，毛母文七妹氣得回了娘家。羅氏鬱鬱寡歡，三年後病死，死時 21 歲。為此，毛澤東越發恨其父毛順生，在為母親文七妹寫的祭文中，把父親毛順生臭罵了一通。

毛順生的三個兒子都跟了共產黨，每個兒子都至少娶了三房媳婦，但毛家沒有兒孫滿堂、人丁興旺。

## 毛澤東淫亂史

毛澤東被中共樹為「救世主」、「偉大領袖」，先不談他犯下害死 8000 萬中國人的滔天罪行，只說他個人私生活的荒淫糜爛，其荒淫的一生，可以說是中共黨徒的典型縮影。

與毛澤東結婚的第一位女子姓李，她比毛大六歲，是坐花轎來到毛家祀堂跟毛澤東拜了天地，但毛對她從無好感。毛最終拋棄了第一位妻子。

　　毛走出韶山沖後的第一位戀人是陶斯詠。陶斯詠是湖南湘潭人，名門閨秀，溫柔善良，在湖南長沙第一師範和毛澤東是同學和同鄉。1919年至1920年間，毛澤東和陶斯詠在長沙共同開辦了「文化書店」，二人在此期間熱戀。但在1920年夏天，陶斯詠不堪忍受毛的激烈造反及暴力主張，同時發現了毛專橫殘忍的性格，以及毛對楊開慧的移情相戀，憤而離開長沙，在上海開辦了「立達書院」，於1932年去世，年僅30多歲。

　　1920年，27歲的毛與19歲的楊開慧結婚。在1922年至1926年間，楊開慧相繼生下了毛岸英、毛岸青和毛岸龍。在毛岸龍出生後不久，毛澤東姦污了同住在長沙清水塘院內李立三的妻子，此事被楊開慧知道後，兩人大吵了一架。

　　1927年秋天，毛發動了秋收暴動，被國民革命軍擊敗後盤踞江西井崗山。兩天後，毛即與盤踞在此地的雙槍女響馬賀子珍同居，並於1928年生下了第一個女兒。期間楊開慧隱居在長沙板倉老家避難，艱難度日，她一再請求去井崗山，被毛斷然拒絕。毛在井岡山期間，不時攻掠附近各縣，搶劫有產農民、工人的財產，殺人放火，弄得這些地區雞犬不寧，各方人士強烈要求國民政府派兵征剿。1929年冬，楊開慧被湖南省長何健逮捕，在楊昌濟生前親朋好友及門生的幫助下，省長何健答應只要楊開慧登報申明和毛澤東脫離夫妻關係，即准予交保釋放，但被楊拒絕。期間，毛澤東為一已之私，殺了數萬AB團，激化矛盾。

　　1934年10月，中共黨軍被國民政府軍趕出江西，狼狽逃竄，在逃竄途中，毛澤東不顧賀子珍逃跑途中的難處、痛苦，一年期間竟然使賀子珍三次懷孕流產，致使賀瘦弱多病，人老珠黃。等到了陝北後，環境稍微一安定，毛便拋棄了賀，跟北京來的女學生、身邊的英語翻譯吳廣

慧勾搭成奸。姦情被賀子珍撞見，賀氣得發抖，曾威脅說要派自己的警衛員去殺吳廣慧。毛不但不道歉，反而將賀驅逐出了延安。當時中共黨頭們的口頭禪是：「老子出生入死打天下，搞個女人算個啥。」賀被趕出延安後，懷著身孕去了莫斯科，後來孩子病死了，賀子珍也被關進蘇聯精神病院，長達六年之久。

1938年夏天，45歲的毛和25歲的藍蘋（即江青）同居。當時延安評劇院有四大美女，她們是：馮風鳴、孫維世、張醒芳、郭蘭英。毛和江青鬼混的同時又盯上了馮風鳴。馮是從南洋歸國的華僑，一日看完《農村曲》之後，馮風鳴和江青、蔡暢去棗園跟毛澤東等吃宵夜，完後眾人都走了，毛邀馮「深談文藝工作」，藉此強姦了馮風鳴。馮風鳴甚為氣憤，感到自己受到了極大的欺騙，憤而離開延安。據說馮風鳴在延安的日記在香港等地風靡一時。

1949年12月，56歲的毛率包括周恩來在內的中共代表團赴莫斯科拜會史達林，擔任代表團俄語翻譯組組長的是周恩來的養女孫維世，途中孫維世還擔任毛的俄語教員。一天晚上，毛將車廂的門反鎖上，在學完幾句俄語後與孫長談，大談他和江青的不合，之後便姦污了暈暈糊糊的孫維世。第二天，孫發現睡在毛的床上，大驚失色。她將此事告知周恩來，但周不敢責備毛。

從蘇聯回來後，毛曾考慮休了江青，跟孫維世結婚，但這次周恩來沒有同意。後來，孫維世嫁給了花花戲劇藝術家金山，金山曾在上海與藍蘋有床第之歡。毛曾說，他和金山誰也不欠誰。江青得知毛澤東和孫維世之事後，咬牙切齒得企圖報復。1966年文革開始後，江青將孫維世監禁在北京的一所監獄裡，孫維世被剝得一絲不掛，被打得遍體鱗傷，後來周恩來親自簽署了處死孫維世的命令，孫的頭部被釘進了一顆釘子，死時年僅38歲。

　　1951 年，彭德懷因侵韓共軍三個軍被截斷在南朝鮮，面臨全軍覆滅，緊急回中國面見毛澤東，要求撤退，卻被擋在門外不得入內，彭大怒闖進毛澤東的臥房，發現毛正在和一位年輕貌美的護士睡覺，氣得頭髮倒豎。後來，彭德懷撤銷了毛的「中南海歌舞團」，毛對此耿耿於懷。

　　1956 年夏天，63 歲的毛澤東到了青島，當時青島歌舞團有兩位最出色的女演員小 A、小 B，尤其以小 A 最為出類拔萃。一天，市委宣傳部請小 A 去市委招待所個別談話，告訴她被選在「中央首長」身邊工作。當晚，小 A 被祕密帶到一個鋪滿紅地毯的幽深別墅，先是脫衣體檢，後是美容。小 A 萬萬沒想到「革命任務」竟是去浴室裡服侍「中央首長」，嚇得不敢進去。後來那位「中央首長」自己出來了，小 A 一看竟是毛澤東，驚嚇得說不出話，大哭了起來。

　　毛見狀很掃興，就賊喊捉賊地問道：「誰叫妳來的？」毛找了個理由讓她回去，在車上司機說：「姑娘，記住，今天任何事情都沒有發生過。」第二天，小 B 被接去了那座別墅。小 A 第二天也被接走了，去的卻是遙遠的東北小興安嶺，在林場當了一名伐木工人，期間被農場工人多次蹂躪。毛死兩年後的 1978 年，小 A 已是一個 42 歲滿臉皺紋的女人，在「忘記一切」的條件下，才讓她回到了青島。那位伺候「偉大領袖」的小 B，後來有人說她被安排在毛的北戴河行宮，有人說她被送到海南島五指山中，過著與世隔絕的生活。

　　1961 年，毛澤東餓死 3000 萬老百姓之後去了上海，住進西郊賓館，盯上了號稱上海第一美女的電影明星 C。一天晚上舞會後，上海市委宣傳部長張春橋叫住了 C，說主席讓她留下吃宵夜，了解一下電影界的情況，並說主席和江青關係不好，中央領導同志都希望主席能夠找到一位各方面合適的人，這對中國革命和世界革命都是福音……當夜，毛澤東

和 C 發生了性關係，之後又讓 C 在西郊賓館整整住了一個星期，後來又讓她到中南海住了一段時間。C 以為真的有希望成為貴妃了，拒絕了一切好心人的介紹對象，一心等待毛，等來等去，等到的卻是文革的爆發。不久 C 就面臨和孫維世同樣的命運，被江青害死了。

1965 年，毛澤東在廬山遇到了九江市歌舞劇團青年女演員 D。D 能歌善舞，尤其彈得一手好琵琶，毛看中了 D，兩人當即打得火熱，淫亂一團。1976 年毛死的那年 10 月，從北京來了幾位官員，把 D 給帶走了。廬山上的工作人員猜測，她多半被送到海南島五指山中，跟一批與她有類似經歷的可憐女人們住在一起，被以「保護黨和國家最高機密」，「防止破壞黨的光輝形象」等為由，監禁在那裡，最終無影無蹤。

1965 年 10 月，72 歲的毛到杭州，杭州駐軍給毛挑選了一個美貌女保健護士 E，E 當年 28 歲，是一位離異了的單身女子，身材高挑，每天一早一晚給毛澤東作按摩。不久兩人便勾搭成奸，導致 E 懷孕，毛澤東拿 2000 塊錢，將 E 打發了事。後來又來了一位年輕女按摩護士 F，毛澤東喜歡 F，並稱其為「武昌魚」，F 不像 E 那樣「聽話」，值班的張玉鳳幾次看到她從毛的臥室裡衝出來，對著牆壁大哭不止。後來部隊把她帶走了，從此也是音信全無。當然，張玉鳳和毛的淫亂關係這裡就不提了，眾所周知，跟晚年毛澤東形影不離的是張玉鳳，而不是江青。

1973 年，在 80 歲的毛澤東接見非洲某國元首期間，中共中央新聞電影製片的攝影師提前來到毛的書房架設燈光器材，發現毛正摟著一位身上一絲不掛的美女在玩樂，攝影師大驚失色，美女亦大驚離開了毛，躲到了屏風後面。那一夜，毛在這邊跟非洲元首交談，屏風後面的裸體美女一直不敢動彈。

## 華國鋒是毛的私生子

2007 年 10 月 21 日華國鋒
參加中共 17 大閉幕式。
（Getty Images）

　　早有傳言說，華國鋒是毛澤東的私生子，但 2008 年 8 月有港媒稱，經過 DNA 檢驗，華不是毛的私生子。報導稱，「驗證方法是取毛澤東孫子毛新宇和華國鋒女兒蘇齡兩人的頭髮做 DNA 測試，但結果顯示兩人沒有親屬關係。而北京醫院副院長汪耀和蘇齡，拒對事件作評論。」

　　有人評論說，中共高幹私生活的混亂是眾所周知的，誰能肯定邵華是和毛岸青生下毛新宇的呢？有人說毛新宇是毛澤東親生兒子，有人說他是徐文伯的兒子。而蘇齡真實的父親一定就是華國鋒嗎？此外，如何證實這個北京醫院的檢驗結果的真實性？

　　2003 年《動向》雜誌報導了《華國鋒曾要求中央承認他是毛澤東私生子》，文章稱，1920 年毛澤東在長沙建立共產主義小組時與一位姚姓女子相識，姚氏的父親是從山西到湖南來販運煙草的商人。1921年，姚氏為毛澤東生下了華國鋒；為此曾引起楊開慧的不滿，因為當時毛澤東與楊開慧在長沙已經同居，雖然沒有舉行任何儀式，也算結婚了。用毛自己的話說：「顧不得嘍，進了洞房就是結婚。」

　　1922 年 10 月，毛岸英出生，而姚氏生下華國鋒兩年後病故。於是，毛委託親屬撫養他與姚氏之子華國鋒，後又將華國鋒送到山西太原，再

送到交城，隨收養他的親屬姓華，於是改名華國鋒。

1966 年春，毛澤東下令由周恩來、康生和汪東興在北京和華國鋒做了一次有關他身世的交底談話。直到這時，華國鋒才知道自己是毛澤東的長子。當時，中共中央對華提出兩點意見：一、本人履歷、籍貫、出生、現用姓名，全部按 1955 年中央關於「肅反」後「審幹」時登記的沿用；二、從黨的全域利益考慮，不改變歷來和主席的關係，適用於今後。華國鋒當時在中央這兩點意見上簽了字，並寫上「完全同意、堅決遵守」；周恩來、康生和汪東興也在文件上簽了字，作為證人。

毛澤東臨終前安排父傳子承。據張玉鳳交代，周恩來死後，毛澤東就總理人選問題曾徵求過江青、張玉鳳、汪東興、毛遠新四人的意見。汪東興推薦了毛遠新，毛說太年輕，當不好。江青推薦張春橋，毛說太自負，黨內、軍內不買他帳的人不少，當不了。毛遠新提了華國鋒，毛說：「除華，暫無人選。」

又據張玉鳳交代，1976 年 4 月初，發生天安門事件後，毛的健康惡化。毛擔憂死後，老將們會翻文革的案，甚至會像赫魯曉夫清算史達林那樣反對他。毛知道江青結怨不少，但又認為江青鬥爭性強，在這一點上，正是華國鋒的弱點。因此，毛在為日後的人事安排做最後布署時，有兩套布署方案。對黨主席的繼承人，毛遠新曾多次詢問毛的意見，毛總是一句話：「慢慢來，看著走。」最後，毛澤東圈了五個人的班子：華國鋒、江青、汪東興、毛遠新、陳錫聯。

毛生前「立儲」成功，但毛死後不久，華國鋒在政壇上就一直滑坡，中共為了維護毛和黨的形象，長期掩蓋華國鋒身世的祕密。

2002 年 12 月 26 日，華國鋒曾和毛澤東的女兒李敏、李訥，以及毛生前的機要祕書兼姘頭張玉鳳，一同到毛澤東紀念堂為毛澤東做冥壽。華國鋒在所獻花圈的輓帶上，還具名寫上「忠實的兒子國鋒敬輓」

的字樣。但當日下午,這個花圈就被紀念堂的工作人員撤走了。

16 大前夕,華國鋒致信中共中央,要求恢復自己的身世,改姓毛。中共中組部答覆說,「中央經鄭重考慮,從維護毛澤東聲譽、從黨和社會上的影響,也對你本人的影響,沒有必要更改、恢復自己父親或母親的姓氏。」但批准他返回出生地湖南省湘潭養老。

## 華國鋒曾申請「退黨」

華國鋒自 1976 年毛死後繼承中共主席,1981 年交權後一直任中央委員,2008 年病逝。鮮為人知的是,華國鋒從 2001 年開始多次要求退黨,胡錦濤為此特別開會,在華國鋒的嚴厲指責下,當時整個會場的主題轉變成對中共腐敗的聲討會。

早在 2001 年日本《朝日新聞》就曝光了前華國鋒已經退黨的消息,當年 11 月的香港月刊《爭鳴》報導,時任中共中央委員的華國鋒繼沒有出席在 9 月中旬舉行黨的六中全會之後,不久又提出了退黨申請。

據外電報導,當時胡錦濤曾特意就華國鋒要求退黨一事主持召開會議。在會上,華國鋒堅決表明自己的態度,嚴厲譴責了共產黨的腐敗現象,「正給國家和民族帶來災難。」讓胡十分尷尬。

華國鋒在結束會議發言後,交出五萬元人民幣作為自己最後一次黨費,並稱將此款用於改善貧困地區的黨員生活上。

此外,在公開場合,中共官方對華國鋒退黨一事諱莫如深,但也不敢公開否認。2001 年 11 月 6 日在外交部新聞發布會上,一名日本記者向中共外交部新聞發言人朱邦造提問:「華國鋒是否要求退黨?」朱邦造顧左右而言他:「這個問題不是我回答的範圍,以後不要在外交部新聞發布會上問這種問題。」當時有媒體分析說,朱邦造的躲閃正說明這

一事件不是捕風捉影。

2005 年又有多家媒體相繼報導，華國鋒以中共背叛農民和工人正當權益和中共代表貪官利益、代表資本家利益為由向胡錦濤提出退黨。還有媒體報導說，追隨華國鋒一起提交退黨報告的還有：原華國鋒辦公室主任、華的老警衛員、華國鋒的機要祕書、華的專職司機。這實際上是一個黨支部的集體退黨。

中共官方有關資料顯示，中共 15 屆一中全會以來，身為中央委員的華國鋒，都以「健康」為由請假，未出席過任何一次中央全會和任何一次中央工作會議，直到 2008 年 8 月 20 日病逝。

中共第一代黨魁毛澤東以馬列邪教為幌子，篡政前打壓異己，篡政後更加暴虐，容不得任何動搖自己地位的勢力，上至「國家主席」「最親密的接班人」，下至全國百姓，毛一生殺人無數。而上天是公平的，他幾次婚變，睡了數不清的女人，而到頭來沒留下一個像樣的子嗣，家族報應不斷。他的施暴、淫亂的歷史，就是中共黨魁和層層黨幹的行為寫照。上行下效。共產黨的邪教本質決定了這一切。

第二節

# 李訥之子 低調的王效芝

## 走了截然不同的路

1990 年，北京舉辦亞運會期間，一短篇圖片報導吸引了人們的注意：《毛主席外孫在亞運村》，這也是毛澤東的外孫王效芝第一次出現在公眾媒體中。

王效芝從北京市外事旅遊職業高中畢業後，選擇了一條與父母完全不同的獨立生活道路。同幾位哥哥、姐姐相比，王效芝是最低調的一位，在媒體和網路上拋頭露面更是少之又少。

報導這樣描述王效芝：「在運動員公寓10號樓裡，有一個默默無聞，但威信很高的服務員，他就是毛澤東的外孫王效芝。18 歲的王效芝是北京市外事旅遊職業學校的學生，自 1990 年 5 月份起由學校組織和同學們一道到亞運村服務以來，他就一直在 10 號樓裡任副領班。雖然是毛澤東的外孫，但在工作中，他卻從不搞特殊化……」

相片中的年輕人沒有一點毛家那種高大、寬臉的特性,而是一個非常單薄的尖臉龐,這是他從親身父親徐寧那遺傳的。王效芝先後三次改過姓,最早他跟父親姓徐,叫徐小寧,後來父母離婚,他跟隨母親李訥,改姓李,再後來母親再婚,他又跟隨繼父姓了王。從兒童成長的角度看,他的童年是很不幸的。

王效芝出生在 1972 年的江西,當時他母親在「五七幹校」勞動。2003 那年柳三禪在《毛澤東的女兒》一文中介紹說:「李訥的兒子今年已經 29 歲了,目前在北京一家公司打工,每月 400 多元的工資,勉強可以度日,但至今找不到老婆。」那時李訥的生活狀態也很差。當時李訥 61 歲,從外表看,她非常衰老,行動非常緩慢。

文章說,李訥由於患嚴重的腎衰竭和多種疾病,全身浮腫,健康每況愈下。李訥因為退休早,工資標準很低,沒有那麼多的錢來做透析治療。如今她雙腎嚴重萎縮,據專家診斷,唯一的辦法就是換腎,但她想都不敢想。毛澤東死後,李訥沒有繼承父親的一分錢遺產。在隨後的改革開放時代,李訥自然也屬於那種落後於時代的人,謹小慎微地依靠那份工資生活。李訥現時已是一名邊緣人。

基於這樣的生活背景,再回頭看王效芝婚後的「生活理想」,也就感受不同了。他說:「由於我特殊的童年環境,所以我要盡自己最大的努力給家人帶來幸福,尤其要給我女兒最開心快樂的童年。」

後來王效芝下海經商。見過王效芝的人對他的評價是:他是個內向的不太善於交際的人。王效芝能夠說一口流利的英語,他的翻譯助理經常只能做做記錄,王效芝就自己與客戶談妥了生意。

平時在家裡的園子裡,王效芝自己種植花草、蔬菜、水果。只要有朋友到家裡來做客,他定要摘上自家種的蔬菜親自下廚做菜。據說他平時的生活簡單,除了必要的應酬,基本上工作結束就回家了。王效芝愛

旅遊，經常給自己放個長假，帶著全家老小十幾個人出門遊玩。他自己調侃道：「這個時候我就是個業餘導遊了。」

上述官方報導不一定真實準確，但在毛家人裡面，王效芝是最低調的，由於李訥的命令，他沒有上大學，而是去讀了旅遊職業學校，從此遠離政治，遠離那個傷人又傷己的政治。有人說李訥太武斷，耽誤了孩子的前程，不過，當了解這位母親的悲慘遭遇後，就不難理解這位單親母親的痛苦選擇了。

## 李訥的不幸婚事

毛澤東公開留下的後代只有兩個兒子、兩個女兒，即毛岸英、毛岸青、李敏、李訥。李訥是在父親身邊生活時間最長的一個。儘管從小享有各種特權，但李訥的生活並不快樂。

外界說，李訥名字的由來是毛澤東取義「君子敏於行，訥於言」，不過身為江青的唯一女兒，這個昔日的三流電影明星想紀念的是她的成名作《娜拉》和她的真心情人唐納。「訥」字和「娜拉」和「唐納」有關係，江青才同意了這個名字。

江青是個性很強的女人，而李訥天性文弱，經常被江青責罵「沒出息，不能幹」，從小就在這個母老虎的壓制管教下生活，而父親毛澤東，也不把教育孩子當成自己的事，所以從小李訥就極為孤僻。

1965 年李訥從北京大學畢業，到《解放軍報》當了一名編輯。1966 年「文化大革命」開始，《解放軍報》全面改組，26 歲的李訥化名肖力（小李），坐上軍報總編組組長（正軍職）的位置。1967 年李訥到毛澤東身邊當聯絡員，專門負責了解北京各大專院校的運動情況。

看著女兒李訥一年比一年大，江青開始著急她的婚事。毛澤東有言

在先，希望子女不要找高幹子女，因為毛深知權鬥的殘酷性，也不想哪個人因為親家關係而跟他在政治上拉關係。當爹的這句話等於斷送了女兒的婚姻，因為當時李訥周圍接觸的人都是高幹子弟，不讓她找高幹，等於就是不讓她找對象。於是，沒有父愛、缺少母愛的李訥，也沒有朋友，李訥的生活圈非常窄，性情也越來越孤僻。

文革初期，江青從造反派中開始為李訥物色對象，她看中浙江美術學院的學生張某某。張某某與李訥同歲，也是 1940 年生，安徽含山人，面色白淨，戴一副眼鏡，口才很好，還畫一手好畫。「文化大革命」初，他是浙江美術學院的紅衛兵頭頭，得到江青支持，成為浙江最大的造反組織省聯總負責人。1968 年，張某某到北京彙報，經江青安排，李訥與張某某見面。因為是同齡人，三兩句就談到一起去了。看到李訥還滿意，江青接見了張某某。幾個月後，正在上海的張春橋接到江青的電話，要他把張某某招到上海面談一次，了解張某某的情況。

不過張某某為人很倡狂，不久就在當地造反派的權鬥中被壓制下去了，張某某逐漸失寵，浙江省革命委員會成立時名落孫山。於是江青不再理他，「文革」後張某某被判無期徒刑。

最初毛澤東還想把李訥當接班人培養。1969 年，李訥當選九大代表，這時李訥已經當了北京市委副書記。1970 年，中共中央辦公廳在井岡山下的江西省進賢縣辦起五七幹校，毛澤東一定要李訥下去勞動鍛鍊，李訥二話沒說到了農村。此時李訥已經年過 30，很多人都關心她的婚事。毛澤民的女婿曹全夫在幹校任黨委書記，為李訥介紹過幾個對象，都沒有成功，李訥表示要找一個農民幹部，一時沒有合適的人選。

李訥衣著樸素，性格內向，老是獨往獨來，很少與外界交往。中共中央辦公廳北戴河管理處內部招待所服務員小徐，性格開朗，待人熱情，休息時常邀李訥一起打球、散步，並主動和她一起幹農活。時間長

了，兩人產生感情。李訥的戀愛驚動了五七幹校，很快上報江青。

小徐是東北人，眉清目秀，初中文化，出身工人家庭，父親是山海關火車站的扳道工，政治上絕對可靠。但江青堅決反對，女兒無論如何不能找一個服務員啊。李訥也很固執，非小徐不嫁。李訥看母親那裡說不通，就直接找父親。

事情湊巧，李訥請求毛批准她結婚的報告，送到毛手裡時正是1971 年 9 月 13 日上午，剛發生驚心動魄的「九一三林彪墜機事件」。據說毛當時坐在人民大會堂 118 廳的長沙發上，把李訥的報告看了又看，還是沒有完全看明白。於是向帶信人詢問。隨後毛在報告上用鉛筆重重地批了同意，轉江青閱。

毛同意李訥的婚事，江青再不敢阻攔，於是李訥和小徐在五七幹校舉行了簡樸的婚禮。毛澤東送給李訥夫婦一套《馬克思、恩格斯全集》。結婚後李訥和小徐繼續在幹校勞動。一年後兒子出生，取名徐小寧。

不過江青並沒有真正從心裡接納這個女婿。由於李訥受過高等教育，又酷愛文史，從小愛看書，拿一本書就放不下。小徐呢，沒多少文化，生性好動，兩個人的經歷、性格、思想差距大。加上江青的干擾，慢慢兩個人的共同語言越來越少，矛盾越來越深。最後江青讓小徐被「推薦」到河北鐵道學院讀書，兩地分居後正式辦了離婚手續，孩子歸李訥撫養，改姓李。

李訥帶著孩子和深深的精神創傷回到北京。儘管 1974 年至 1975 年李訥還擔任中共北京市委書記、平谷縣委書記，參加了中共的十大，但因婚姻失敗，她的精神受到打擊，更關鍵的是，她看透了中共官場的爾虞我詐、你死我活的權鬥，對文革那套東西不感興趣，加上身體一直不好，就慢慢開始病休。1976 年「四人幫」下台後，母親江青被抓，李訥被安排在中辦祕書局圖書處。她因身體不好，沒有去上班。

## 自卑不敢回老家

1976 年 10 月以後，李訥搬到北京西郊的一座小四合院，和兒子住在一起。有了兒子，家務事多了，而李訥操持家務完全是外行。這時的李訥已經完全平民化了，拉板車買煤球，排隊買大白菜，兒子課餘幫助她洗衣燒飯。工資太少，被子一人一條，半鋪半蓋，全家每天只買一毛錢的肉，有時甚至要賣舊書補貼。在遠離政治的環境中，李訥的身體慢慢地有所恢復。

李訥是毛澤東的衛士長李銀橋的妻子韓桂馨帶大的，而李銀橋和韓桂馨的婚姻又是毛澤東牽的線。於是李銀橋夫婦要給李訥找對象。開始李訥還很自卑地說：「我媽媽是『四人幫』，誰肯找我呀？」後來，她和李銀橋的老戰友王景清相識，並在 1984 年結婚。王景清曾在中共中央警衛團工作過、後調雲南省軍區怒江軍分區任參謀長，他為人厚道，比李訥大十多歲，關心體貼人，也會做家務。

李訥的自卑還體現在她第一次回韶山的過程中。1984 年 8 月，李訥和王景清結婚，那年她已經是 44 歲了，但從來沒有回過老家韶山。這次在丈夫王景清陪同下，終於踏上了去韶山的列車。不過在韶山管理局的接待名單裡，就只填有王景清的名字。

王景清走在毛家故居的土路上，大家將他簇擁在中間，李訥遠遠地拉在後面，沒人注意王景清為何還帶來了一個穿著很土的中年婦女，直到這個婦女抑制不住自己的情緒，一聲壓抑的哭聲，重重地從胸腔裡噴了出來。她突如其來的行為，讓所有的人都驚呆了，人們不知道發生了什麼事。王景清立即衝出人群，跪下來，扶著李訥，為她擦去淚水。

這時王景清覺得再也不能隱瞞什麼了。他扶著李訥，向韶山管理局的人解釋說：「這是李訥，是毛主席的小女兒李訥！」當驚呆了的人們

仔細打量時，這才看清楚了這位酷似毛澤東的女人是誰。韶山管理局的負責人責怪李訥：「妳怎麼不告訴我們一聲啊？妳這是為什麼啊？」王景清言語不多，想說些什麼，沒有說出來。還是李訥說出了自己的憂慮：「我是江青的女兒，我母親做了很多讓人憤恨的事，所以，我怕……」

後來，李訥夫婦還一齊去秦城監獄看望母親江青。江青愛好寫毛筆字，王景清也擅長書法，於是有了共同的話題。江青對女兒的婚事表示滿意，認為女兒終於有了一個幸福的歸宿。

## 第三節

# 李敏之女 孔東梅上富豪榜

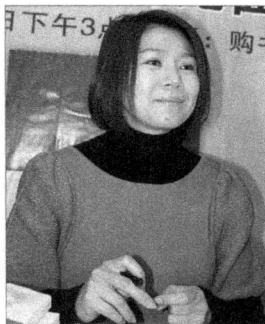

中國大陸新財富雜誌公布本屆「新財富 500 富人榜」，毛澤東外孫女孔東梅和夫婿泰康人壽董事長陳東升兩人以人民幣 50 億元名列 242 名，毛新宇所說「毛家清貧，後人不經商」的傳統就此打破。（新紀元資料室）

## 毛澤東女婿孔令華的慘死

李敏是毛澤東與賀子珍的女兒。1936 年冬天，李敏出生在陝北的保安縣一間破舊的窯洞裡，剛出生的李敏又瘦又小，周恩來的妻子鄧穎超看見後心中頓生憐愛，隨口說了一句：「真是個小嬌嬌呀！」毛澤東聽後，便給女兒取名嬌嬌。

整個 50 年代李敏和妹妹李訥生活在中南海毛澤東的身邊。1959 年，在北京師範大學讀書的李敏和在北京航空學院讀書的孔令華結了婚。毛澤東親自參加主持了婚禮，那天毛頻頻舉杯與來賓敬酒，場面非常熱烈。 孔令華是中共解放軍炮兵副司令孔從洲的兒子，也是李敏在八一中學時的同學。北京的八一學校是中共軍隊幹部子弟的學校，那時孔令華比李敏高兩級，是學生會主席，也算是學校的知名人物。

李敏後來畢業於北京師範大學化學系，先後在國防科委、解放軍總

政治部工作，後任全國政協委員。李敏調到總政的原因是在國防科委受
到國防科委主任張愛萍的打壓。李敏著的《我的父親毛澤東》裡說：「余
秋里同志任總政治部主任時，也非常關心我，並指出：看來一下子做不
通單位的工作，是不是先調到總政來。」李敏說，那時在別的單位揭批
查的目標是「王、張、江、姚四人幫」，而國防科工委的批判對象卻是
「王、張、江、姚、李」。李即李敏也！

　　李敏的兒子孔繼寧，1962 年出生，名字是毛澤東取的，意思是繼
承列寧的遺志。他從中共解放軍南京國際關係學院畢業後，進入總參謀
部，先後被派到中共駐巴基斯坦和英國的大使館，任助理武官，現任民
族精神與中國發展研究中心主任，中國青基會「東方昆侖」公益基金管
理委員會會長。

　　李敏的女兒孔東梅，1972 年出生在上海湖南路 262 號賀子珍的住
宅裡。她於 1996 年從北京航空航太大學英語專業畢業後，被北京嘉德
藝術拍賣公司董事長陳東升看中，邀她一起創辦泰康人壽保險公司，成
為「該公司創始人之一」。賀子珍在上海的住宅，原來是周佛海的，因
為產權解放以後歸總參。孔東梅長得特別像外公毛澤東，在下巴上也有
一顆痣。孔東梅說：「媽媽沒有遺傳，我卻遺傳了。」

　　署名「燕山紅場」的網友在網上講述了李敏的丈夫孔令華（1935
至 1999）慘死的故事。因為李敏在國防科委遭到張愛萍的打擊迫害，
孔令華也受到株連，他後來去了保定的 38 軍。為了夫妻團聚，他又調
到了北京衛戍區，但是技術幹部在衛戍區沒有事可做，又從衛戍區借調
到航空部工作。他後來得到了習近平的父親習仲勛的幫助。習仲勛激動
地說，毛澤東的女婿也得給出路！難道連工作的權力都沒有？習仲勛當
即在李敏給他寫的信上批給趙東宛酌定：請能予以轉業。

　　於是在 1990 年 10 月 3 日孔令華辦了轉業手續，離開了中共軍隊。

隨後孔令華去深圳創辦了深圳瑞達科技實業公司。1999年，孔令華在廣州參加紀念毛澤東的活動，返程時在廣深高速公路翻車受傷，骨斷九根，送入深圳紅會醫院搶救，手術時出現嚴重事故；在手術台上麻醉時，就突然停止呼吸。

紅會醫院只以「粗心大意，接受教訓」，就將這一醫療事故的責任交代過去了。據說是因為當時沒有送麻醉師或主治醫師紅包，再加上孔也沒有說自己是毛澤東的女婿，是當朝「駙馬爺」！麻醉師或主治醫生沒有盡心盡意去做事，造成了這樁重大醫療事故。

孔令華死後，醫院一得知，原來死者是毛澤東的女婿，把所有人都嚇了一跳！當時的深圳市衛生局長馬上趕到現場「待命」，後來因為家屬沒有追究，就當一般的醫療事故處理了。

## 不倫婚戀與列名富人榜

2013年5月，毛澤東外孫女孔東梅和夫婿泰康人壽董事長陳東升以人民幣50億元名列「新財富500富人榜」242名。（Getty Images）

2013年5月初，中國大陸《新財富》雜誌公布本屆「新財富500富人榜」，毛澤東外孫女孔東梅和夫婿泰康人壽董事長陳東升兩人以人民幣50億元名列242名，再次引來民眾熱議她的不倫婚戀和紅三代的崛起。

　　孔東梅 1972 年出生於上海，母親是毛澤東與賀子珍的女兒李敏，父親是中共將領孔從洲之子孔令華。孔東梅是毛孫輩中唯一的孫女，毛死時孔只有四歲，但毛從來沒有見過這個和自己一樣下巴上長著黑痣的外孫女，由此可見，毛和女兒李敏的關係很反常，憑毛的條件，隨時都可以見到外孫女，但四年了都沒見一面，說明毛至少不是個好外公。

　　1996 年，陳東升創辦康泰人壽保險公司，其髮妻陸昂則繼續留在嘉德拍賣。也是在這一年，孔東梅從北京航空航太大學英語專業畢業後，進入泰康人壽保險公司工作，她在接受採訪時回憶，在泰康人壽的三年中，她從端茶倒水打雜幹起，幾乎在各個部門都幹過：「隨著泰康人壽變成十幾萬員工的大企業，我也經歷了脫胎換骨的變化。」

　　不過陳東升對外介紹說孔東梅是康泰人壽的「公司創始人之一」，從時間概念和孔東梅自己的說辭上看，泰康成立之後她才應聘的，不可能是創始人。但深諳中國國情、懂得官場人際關係重要性的陳東升明白，孔的「毛外孫女」頭銜，能成為他在中共官場上交際的敲門磚，於是他開始緊追孔東梅，促成了兩人的不倫婚外情。

　　1993 年 5 月 18 日晚，嘉德公司的成立酒會在長城飯店東花園的大草坪上舉行。在陳東升的一篇回憶文字中，特別提及為嘉德創立作出特別貢獻的嘉德第一梯隊：王雁南（趙紫陽女，原名趙雁南）、甘學軍等人。港媒引用消息來源的話說，陳東升之所以力邀毫無經驗的王雁南「加盟」，既有對趙紫陽家「六四」後蒙難「千里送鵝毛」的關懷之意，也有利用趙家在體制內外仍然存在的深厚人脈方便做事的考量。從這一點看，陳東升是很善於利用關係的，否則在中共的天下他也不可能創出一片天。

　　功成名就之後，陳東升在哈佛商學院演講時曾經說：「當年創業的

時候，我覺得可以在中國實現 J‧P‧摩根、卡內基式的夢想，現在我已經完全把這個夢想收回來了。」他說：「中國沒有這個文化。官總是壓過商，所以你不要做夢，你做個好企業就完了，不要把自己想得太偉大。從憧憬複製美國企業家夢，到今天收回這個夢想，這是個悲哀。」

「官總是壓過商」，這是中國商人的共同感受。

陳東升與孔東梅的非法關係，被陳妻陸昂發現後，陸昂非常憤怒。她堅決反對陳孔二人的非法不道德關係，孔東梅無法立足，於是 1999 年赴美國賓夕法尼亞大學留學，攻讀碩士學位，不過仍然與陳東升保持情人關係。

兩人非法同居 15 年，先後生下三個孩子之後，直到 2012 年 12 月 5 日，陳東升和孔冬梅在北京釣魚台國賓館舉行結婚儀式。儀式前的 9 月 30 日至 10 月 5 日，孔東梅隨母李敏，攜夫及三個子女，先後到韶山、賀子珍的故鄉江西及陳東升的家鄉湖北天門中學、武漢大學高調巡訪，為兩家聯姻造勢。獲當地官方高調接待，新華社 10 月 12 日還做了正式報導。

有民眾評論說，「孔東梅現象固然和全中國三信危機、道德沉淪有關，但是，是明顯的嚴重違反《人口與計畫生育法》和《婚姻法》的行為。我們經常可以看到「懷胎七個月，因無出入證而被強迫引產」，「寧波的雙獨生二胎，因無准生證被罰七萬」之類的消息，但為什麼對名人就實行另外的法律呢？

## 中共是當之無愧的「流氓無產者」

2001 年孔東梅畢業後回北京在 798 社區創辦了北京東潤菊香書屋有限公司，該公司搞所謂「紅色」文化的傳播，她撰寫的《翻開我家老

影集》一書，以毛澤東後代和現代女性的雙重身分對外公、外婆的一生進行追憶。不過從書中人們看出，孔東梅並沒有講出她外婆賀子珍的真實感受，或者說孔東梅依舊被毛澤東虛假的光環所遮擋。

孔東梅寫道：「外婆一生懷過十胎，生育六次，最艱辛的莫過於長征中在川黔兩省交界處那次了。……外婆在行軍路上突然生產，幾個女戰士把外婆抬到山坡上，孩子剛生下來就送走了。」

據中共黨史介紹，賀子珍，江西省永新縣雲山人，人稱「永新一枝花」。17 歲加入中共，18 歲組織永新農民暴動後上井岡山，不久與 34 歲的毛澤東非法同居。毛澤東不顧彭德懷的勸告，在沒有與第二任妻子楊開慧離婚的情況下，於 1928 年與 19 歲的賀子珍結婚。兩年後，楊開慧因拒絕聲明與毛脫離夫妻關係，在長沙遇難，毛的三個兒子成了流浪兒。

從 1928 年到 1937 年九年間，賀子珍作為毛的妻子兼祕書，曾為毛懷了十個孩子，共生下三子三女，最後唯一留在毛身邊的只有李敏。1935 年在雲貴交界處，賀子珍因飛機炸彈曾受重傷，其頭上、胸脯上、臂膀上共 17 處負傷，險些喪命。後來人活下來了，但這些彈片一直留在體中。就這樣贏弱的身體，卻還時常遭到毛的侵犯。

據史海沉鉤介紹，儘管在槍林彈雨生死未卜的日子裡，賀子珍盡心服侍毛，為毛生下六個孩子，但毛依然拈花惹草。1937 年，28 歲的賀子珍經常撞到毛與其漂亮的女翻譯吳廣惠幽會，賀接受不了，終日與毛吵架。

不久，中共以「精神病」為由，將賀子珍送到莫斯科就醫，吳廣惠亦被逐出延安。隨後 45 歲的毛澤東邂逅江青，兩人迅速同居。由於江青曾先後和四位男人結婚同居過，再加上當時毛還未與賀子珍離婚，中共起初反對毛江結合，但在毛的一再堅持下，後同意了毛江的非法關

係。1947 年賀子珍回國，但由於毛已與江青結婚，賀子珍無法回到北京，後擔任浙江省杭州市婦聯主任，1984 年在上海孤獨離世。

其實在踐踏人類美好情感方面，共產黨頭目們的惡行都差不多，馬克思與燕妮的陪嫁保母私通，生了孩子說是恩格斯的；列寧嫖妓染梅毒；史達林霸占歌星被控訴。據毛的私人醫生介紹，後來的毛澤東更是過著極其糜爛的生活，被他玩弄的女性上千人，這樣的流氓騙子，還能寫下《蝶戀花》悼念楊開慧，只能印證中共是當之無愧的「流氓無產者」。是共產黨員的共同點之一，是邪惡的黨性之一。

## 第四節

# 毛遠新的女兒也殘疾

　　2013 年有網文稱，毛澤東一家後人中，長得最漂亮當屬毛遠新的女兒李莉。李莉生於 1977 年 1 月，此時毛遠新剛因四人幫倒台被關押三個月，其妻子全秀鳳也正在隔離審查。李莉 10 個月時高燒不退，因長時間大量使用青鏈黴素，導致雙耳失聰。

　　後來毛遠新一家三口雖然住進了上海一間 13 平方米的房間，但李莉卻總是躲著毛遠新，父女之間難以溝通。在毛遠新幫助女兒學習的過程中，父女之間的情感才改善。

　　李莉上海聾啞青年技校美術班畢業後，走上工作崗位。

　　1968 年，毛澤東任命年僅 27 歲的毛遠新為瀋陽軍區第一政委，統領東北三省軍管會。

　　李莉的母親全秀鳳，當時就是來瀋陽軍區總醫院探其姐姐的上海女工，後懷有毛遠新的孩子。最後在上海幫的極力拉攏和江青的熱心勸說下，毛遠新才和全秀鳳結了婚。

毛遠新是毛澤東弟弟毛澤民的兒子，1941 年 2 月 14 日生於新疆烏魯木齊，毛遠新兩歲時，毛澤民在新疆被盛世才所殺。中共竊國後，毛遠新被毛澤東和江青帶大。

由於從小生活在一起，毛遠新有時寫信稱毛澤東為爸爸，稱江青為媽媽。毛有一次批評毛遠新，「你的親生父親是毛澤民，你的親生母親是朱旦華，你的繼父是方志純。你怎麼叫我和江青為爸爸媽媽呢？人長大了，也不要六親不認嘛。」但是江青卻得意地說：「遠新也當了幾年省委書記了，在政治局會上我叫他同志，他也叫我同志，回到家裡愛叫什麼，就叫什麼。」

文革中，毛遠新緊隨「四人幫」，「文化大革命」爆發後不久，毛遠新在哈軍工最先組織了「紅色造反團」，不久以此為核心，組成了黑龍江紅色造反革命委員會，毛遠新成為頭頭。

1967 年，在江青等人的支持下，年僅 27 歲的毛遠新擔任遼寧省革命委員會副主任、瀋陽軍區政治部副主任、遼寧省區政委等職。1973 年的全國高等學校招生中，為了配合江青，毛遠新一手製造了震驚全中國的「交白卷」反潮流事件，塑造了交白卷的「英雄」張鐵生。在 1974 年的「批林批孔」運動中，時任瀋陽空軍部隊政委、第一書記的毛遠新，與江青緊密配合，在遼寧搞了一個「哈爾套趕大集」的經驗，頌揚「文化大革命」。

公開資料還顯示，文革中，毛遠新直接參與策劃了「清理階級隊伍」等大規模政治迫害。大陸財經網官方微博直接介紹說，毛遠新是殺害張志新的主要責任人。

毛澤民、毛岸英死後，毛澤東極力培養毛遠新成為「接班人」。毛澤東讓毛遠新去「哈軍工」，是想讓他在專門培養軍隊高級幹部的基地認識同學，建立自己的軍隊班底。後來，毛澤東任命毛遠新為中

共東北最高官員，是計畫將東北作為建立「毛氏王朝」的大後方。但毛遠新在東北六、七年，不但沒有建立自己的團隊，反而得罪了許多中共高級將領。

1975 年，毛澤東親自決定毛遠新是他與中共中央政治局之間的聯絡員，毛遠新成了一人之下萬人之上的特殊人物，成了發布「最高指示」的代言人，毛遠新口袋裡經常裝著記錄毛最新指令的一本精製筆記，只要他拿出筆記本傳達什麼，任何人都得遵照執行。

據說，毛澤東一度想把權位傳給毛遠新，但當時的毛遠新還太年輕，於是毛想讓江青先打理「朝政」，等毛遠新成熟後再傳位。

1976 年 10 月 6 日，毛遠新因與江青等關係，被中共中央警衛團團長張耀祠宣布「保護審查」，失去自由。1986 年，毛遠新被判處 17 年徒刑。1989 年 3 月 17 日獲得「保外就醫」，1993 年 10 月刑滿釋放，到上海汽車工業品質檢測研究所工作，化名「李實」。

1996 年，毛遠新全家遷入上海市政府分配的新居。他的工資從 1993 年的 600 元逐漸長到了 2001 年的 1600 元。2001 年 2 月退休，按高級技術職稱標準，每月領取 1080 元的養老金，並享受烈屬待遇。

## 披露文革罪源 暗示薄案

2013 年 1 月，「南周事件」引爆的中共高層搏擊持續升級之際，中紀委突然再次強調薄熙來案已移送司法機關處理，被外界看作是習近平為打擊江派薄黨挑起「南周事件」反對其「憲法夢」的警告。在此背景下，新華網罕見發文披露，毛遠新證實文革責任人就是毛澤東。此一舉措被視為是習近平陣營正為審薄案定方向，為打擊薄餘黨毛左造勢。

2013 年 1 月 13 日，新華網「發展論壇」發表一篇署名「寒夜流年」

的文章《毛遠新對文革的驚人評價：完全錯了，徹底錯了！》文章披露，毛遠新在文革之初還是主張對幹部的問題要實事求是，反對懷疑一切，及打、砸、搶、抄、抓的做法。但後來他發現自己的認識，同毛澤東思想有矛盾，並受到毛澤東的批評，他的觀點隨之有所改變。

毛遠新在獲得毛澤東的指示後，隨即開始血腥圍剿和鎮壓了持不同觀點的民眾，狠整朝鮮族的各級幹部，成為「打倒一切、全面內戰」的罪魁禍首之一。並因此當上了瀋陽軍區政委、遼寧省革委會負責人後，實際上成了東北地區的太上皇，甚至陳錫聯、曾紹山等人，也要唯毛遠新馬首是瞻。

毛遠新被收押後，同專案組的人員經過若干次交鋒，毛遠新從開始的不服到不僅開口說了話，而且動筆寫了交代材料，他自己得出的結論：「文化大革命錯了，完全錯了，徹底錯了。」

毛遠新稱：「『文革』把一切都搞顛倒了，使國家落後了五年到20年，使廣大幹部、群眾受害遭殃，使黨和國家遭受到嚴重的破壞和損失……」他證實文革的路線就是來自當時中共最高領導人毛澤東。

美國華府中國問題專家、時政評論員石藏山分析，在薄案開審前倒計時，披露毛遠新證實「毛澤東就是文革責任人」的消息，顯示出兩點重要信號：一、政治上要打擊薄黨毛左，繼續削弱中宣部和政法委的權力。二、為薄案定性：文革餘毒，阻「文革餘毒」禍亂。

中共這個魔教怪胎，雖然幾代極權統治不斷更替、演變，其殘暴本性卻絲毫沒有消減，隨著對中國民眾幾十年的殘酷榨取和洗腦，其統治反而花樣百出，更加精緻，年年翻新，令古今中外所有獨裁統治者望塵莫及。而為了維持這種統治，其血腥與冷酷屬性必然無法避免其利益集團的奪權內鬥，於是讓中國和世界一次次看到其團夥一幕幕血拚、背叛、倒戈、丟人現眼的丑戲……

中共太孫黨

# 第三章

# 鄧小平家族

1992 年 1 月，鄧小平偕家人「南巡」。（AFP）

# 第一節

# 鄧小平政治上不可告人的祕密

鄧小平在「文革」中落馬，卻受到毛澤東另類優待，政治路上戲劇性「三起三落」。圖為 1969 年鄧小平以「全國第二號走資派」的身分被下放到江西監管勞動，右一為鄧妻卓琳（右）。（AFP）

　　第一章我們簡單介紹了鄧小平家族第三代進入政壇的事，由此引發外界對紅三代太孫黨的關注。在進一步介紹鄧家的五名子女、四名孫子孫女情況之前，我們先來看看鄧小平藏在櫃子裡的骷髏：官方為其掩蓋的不可告人的祕密。

　　官方把鄧小平稱為「中國改革開放的總設計師」，「第二代核心」、「一個偉人」，不過很多人評論說，鄧小平最多只能算做改革開放的「總批准人」，相比於胡耀邦、趙紫陽，鄧的觀點非常落後，連華國鋒都比他強很多。

## 受毛另類優待 鄧小平擅長奪權

　　陳破空曾評論「鄧小平，無毒不丈夫」。「中共建政之初，鄧小平主政西南，執行毛澤東的血腥土改路線，濫殺地主富農，不遺餘力；50

年代末，毛策動『反右』，鄧是前線執行人，數以百萬計的知識分子遭到整肅，到了毛死後的『大平反』年代，出於自我保全，鄧竟拒絕為『反右』認錯、反對給『右派』平反，僅用『摘帽』、『改正』的名義，予以搪塞。」

他認為，鄧小平在「文革」中落馬，卻受到毛澤東另類優待，既沒有被關入牛棚，更沒有被迫害致死，連一根毫毛都沒有被動到。「只有一種可能：在個人生死存亡的緊急關頭，鄧小平出賣了劉少奇。至於他如何出賣、如何檢舉揭發、如何一舉打中了劉的要害而令毛放過他一馬，此一絕密，應該仍在中共檔案中。外界已能知道的是，鄧是中共黨內最善於寫檢討書的人，其中的一封檢討書，甚至起到了『文革』末期讓毛准他復出任職的作用，儘管，三年後，瀕死的毛，再度將他打倒。」

毛死後，華國鋒發動宮廷政變，逮捕了毛妻子江青、毛侄子毛遠新等。原本靠邊站的鄧小平，通過幕後活動，得以讓華國鋒准他再次復出任職。但幾年後，鄧將華排擠出領導層，自己大權獨攬。

鄧小平非常擅長奪權。毛死後，鄧先在 1980 年 2 月的 11 屆五中全會設立書記處，選舉胡耀邦為總書記，增選胡耀邦、趙紫陽為政治局常委，分散了集中於華國鋒一身的黨、政、軍權力。九個月後，他用各種權術和軍權的絕對控制，逼迫華國鋒辭去中共中央主席和中央軍委主席職務。

會上有人提議由鄧小平一人取代華辭去的職務，被鄧拒絕。因他知道自己在幕後操縱是最有利的。於是鄧小平以軍委主席身分，前後廢黜兩屆「頭號領導人」胡耀邦和趙紫揚，差點把江澤民也廢了，最後他公開自封是「第二代核心」。「槍指揮黨」、「槍指揮國」是中共體制裡政治鬥爭的老把戲。

如果拿毛澤東與鄧小平相比較，毛澤東的統治以破壞為主，不斷人為發起不應該發起的政治運動（階級鬥爭）；鄧小平的統治，表面上以建設為主，但卻不斷人為壓制不應該壓制的政治訴求（民主運動）。毛讓中共官員吃盡苦頭（批鬥），鄧讓中共官員嘗盡甜頭（腐敗），手段不同，卻都以維持一黨專政和個人獨裁為最高目的，殊途同歸。鄧小平拋棄的是毛澤東的政治路線，但依然沿用了毛澤東的組織路線，即，繼續借助於共產黨這個龐大的黨機器，統治和禁錮十幾億生靈。

30 年後人們看到，鄧小平的強人政治帶給中國巨大傷害。在經濟哲學上，鄧小平的「發展是硬道理」和盲目追求 GDP 增長，其造成生態破壞、資源浪費、貧富懸殊、治安敗壞、生存環境惡化、官員貪瀆腐敗等等。在政治哲學上，鄧小平的「中國特色社會主義」，實質是開放式民族主義專政（Nationalist Dictatorship），違背自由民主、公平正義的時代精神與普世價值。鄧小平的「一部分人富起來」和「反自由化」大戰略，只是少數權貴階層、跨國公司和大商人掠奪國家，壓榨勞工，扼殺大多人生命力和創造力的惡政。中國多數老百姓仍然既貧窮又不自由。

## 鄧不是改革開發的總設計師

很多人也發現，鄧小平並不是各項改革的倡導者。對外開放、建立經濟特區，由華國鋒和谷牧首倡；農村聯產承包，由萬里和趙紫陽提出並試行；「實踐是檢驗真理的唯一標準」大討論，由胡耀邦提出和主導；其他諸如發展個體經濟、價格雙軌制、有計畫的商品經濟、「大進大出，兩頭在外」的國際大循環、試行農村基層選舉等，大多由趙紫陽提出並施行。鄧小平並非中國改革開放的「總設計師」，而是改革的「總批准

師」。《趙紫陽回憶錄》中，趙就強烈暗示：鄧至多是贊同經濟改革的政治強人。

原中共中央黨校理論研究室主任、現任台灣綜合研究院研究員阮銘表示，鄧小平不但不是改革的設計師，他還背叛了中共 11 屆三中全會的精神。

阮銘說：「三中全會的主要貢獻，是批判了對毛澤東的兩個『凡是』，肯定了『實踐是檢驗真理的標準』，解放了思想，掃除了改革開放與平反毛澤東時代大量冤假錯案的意識形態障礙。再就是肯定民主，如葉劍英所言，『西單民主牆是人民民主的典範，三中全會是黨內民主的典範。』……僅僅三個月後，鄧小平就背棄自己在三中全會講的『解放思想』和『民主』，在理論務虛會上發表那篇『堅持四項基本原則』，用鄧小平的『凡是』取代毛澤東的『凡是』。這才是『鄧小平帝國』延續至今的治國綱領。」

「三中全會後的事實是：華國鋒檢討兩個『凡是』是真誠的，會後支持胡耀邦在理論工作務虛會深入討論解放思想和民主。華國鋒第一個對胡耀邦草擬的會議開法和引言表達支持，請胡耀邦幫他準備講話稿。胡喬木向華國鋒兜售他的反右主張，遭華嚴辭拒絕。」

「『只有鄧小平才能改變中國』是錯誤的說法。『假如』鄧小平不廢掉華國鋒、不氣走葉劍英，政治局常委正常行使職權制衡兩個婆婆（鄧小平、陳雲），胡耀邦、趙紫陽的工作要好做得多，絕無可能被兩個婆婆非法廢掉，『六四』屠殺更不可能發生。」

阮銘還表示，鄧小平反自由化，否定胡耀邦提出的普世價值。1986 年中共 12 屆六中全會之前，中共內部展開了一場圍繞「精神文明決議」的普世價值與反自由化之爭。胡耀邦主持起草的決議，肯定了自由平等普世價值，稱「在人類歷史上，在新興資產階級和勞動人民

反對封建專制制度的鬥爭中，形成民主和自由、平等、博愛等觀念，是人類精神的一次大解放。」文件強調「民主的制度化、法律化，切實推進黨和國家政治生活的民主化、經濟管理的民主化、整個社會生活的民主化」。

一開始鄧小平支援胡耀邦，在北戴河說，「文件不錯，可以印發大家討論了。」文件草案發出之後，立即遭到胡喬木、鄧力群們的攻擊，他們另搞出一個修正稿，得到陳雲、李先念支持。但鄧小平說，「鄧力群要把我們往左的方向拉」，仍表示支持胡耀邦起草的決議。然而到了北京 12 屆六中全會上，鄧小平 180 度大轉向，講了一大篇「反自由化宣言」，取代「決議」成了全會「主題」，後來又用作廢黜胡耀邦的武器。

胡耀邦起草「精神文明決議」，把改革開放與自由民主、公平正義的普世價值相聯結，為中國未來發展指出了一條匯入時代精神的光明之路。而鄧小平的「反自由化」戰略，堵塞了這條光明之路，把中國的發展，走向專制恐怖、不公不義、動盪不寧的境地，終於導至「六四屠殺」悲劇。

阮銘還認為，就人民生活而言，胡耀邦的見識與貢獻，均遠遠超過鄧小平。鄧小平、陳雲兩個婆婆都「重生產，抑需求」，走民族主義「富國強兵」之路。胡耀邦卻說，「生產是手段，人民消費才是目的。」「是消費促進生產，不是抓革命促生產。」「我們不是為生產而生產，是為人的需要生產！」胡耀邦的正確主張，被兩個婆婆指責為「鼓吹高消費」。

胡耀邦在民間看見一塊匾：「強國富民」。胡耀邦說，「要倒過來念，民富國強，有民才有國，要藏富於民；人民生活幸福，有文化，有智慧，有自由，有創造力，國家才能強。」

在胡耀邦和一切認同自由價值的人看來，人是目的，人是第一位的，人是國家的主人，有人才有國，國家只是用來維護人的自由、幸福、安全的工具。鄧小平則相反。國家是目的，人只是「有用的工具」。不好用時，可以丟棄，可以計畫生育計畫掉，可以派軍隊坦克消滅掉。

## 鄧保的是中共，而不是人民

鮑彤也談到「鄧小平的兩面性」。他認為，鄧小平既要改革，又要堅持四項基本原則；既想跳出死路一條，又要回到死路一條。當華國鋒的兩個凡是遭到批評時，他參加了。幾個月後，為了填補真空，他打造了自己的四個凡是——四個堅持。他反對華國鋒「權力過於集中」，隨後由自己充當「核心」。他承認文化大革命是史無前例的災難，同時宣布「不僅今天，而且今後，我們都要高舉毛澤東思想的旗幟」。他聲稱自己是「人民的兒子」，同時調動軍隊，鎮壓學生和市民。

「從本質上說，鄧小平百分之百是一位救黨主義者。他是黨的化身，黨性的載體。簡單明瞭的救黨邏輯，就是鄧小平的邏輯。一切為了救黨。救黨需要發展生產力。為了抓住『救黨』這隻老鼠，需要市場這隻貓。因此，鄧小平決定全力支持經濟改革。可以毫不誇大地說，儘管不熟悉經濟，不了解市場，他仍然是經濟改革的當之無愧的支持者，而且是最有權力的支持者。但是，既然目的是為了救黨，所以他時刻不忘保衛黨的權力和地位。即使在經濟改革剛剛起步的時候，用不著一年半載，他就會警惕地搜索一些『自由化』的苗頭，敲打敲打，免得一旦形成氣候，成為黨的心腹之患。他非常清楚，只有在民主制度下，才能避免文革重演；但是為了保住黨的統治特權，他堅決拒絕權力制衡。他偶爾高談民主，是為了塑造親民形象，替黨籠絡人心，

但不許假戲真做。常人眼裡的兩面性，其實是最純粹的黨性，渾然一體，一以貫之。」

著名經濟學家何清漣也認為，鄧小平人生最大的敗筆不是僅僅在於處理「六四」事件，「他留下的政治遺產，即拒絕政治變革的『跛足改革』導致的權力市場化，才是最大的敗筆。因為這一特點將改革導向了一個非常危險的方向。」她認為，「鄧小平無法掙開他為自己及他的黨所打造的枷鎖：政府充當資源分配者、經濟遊戲規則的制定者與參賽者。任何政府只要同時有這三種權力，就無法制止腐敗。」

「文革」後，西方人吃驚地發現，最憎惡「文革」的，竟然是經歷過「文革」的中國人本身；東歐共產解體和蘇聯解體後，西方人又吃驚地發現，最憎惡共產主義的，竟然是經歷過共產主義的東歐人和蘇聯人本身。

## 被鄧打倒的 15 名「國家領導人」

在中共權鬥中，鄧小平使用的強硬手腕並不比毛澤東遜色多少。「文革」結束後，鄧小平成為中共第二代領導人。在清算毛的舊臣、反「資產階級自由化」以及「六四」事件期間，先後有 15 名中共「國家領導人」在中央主席、中央軍委主席、國務院總理、中央總書記、中央副主席、中央政治局常委、中央政治局委員、中央書記處書記、國務院副總理、人大副委員長等位子上被鄧排擠、打倒，都以辭職、撤職、免職等方式非正常下台。

### 中共中央主席、中央軍委主席、國務院總理華國鋒

華國鋒歷任中共湖南湘陰縣、湘潭縣委書記，後升任湖南省委書

記。文革間快速晉升，先後任中共九大中央委員、中共十大中央政治局委員、國務院副總理兼公安部部長。毛澤東死前讓華國鋒任中共中央第一副主席，指定其為自己的接班人，並留言「你辦事，我放心」，民間盛傳華是毛的私生子。

毛澤東死後，華國鋒與汪東興、葉劍英合手逮捕了「四人幫」，結束了文化大革命，成為名義上的中共黨、政、軍最高領導人。後來與鄧小平在政治路線上相左，被逼下台，於 1981 年將中共黨、政、軍大權徹底交予鄧小平，最終被逐出中共核心集團。

### 中共中央副主席汪東興

汪東興歷任中共第九屆中央政治局候補委員，第十屆中央政治局委員，第 11 屆政治局常委、中央副主席；曾長期兼任中央警衛局局長，負責毛的警衛安全；是「四人幫」抓捕行動的決策人之一。1978 年鄧小平掌權後被迫辭職下台。

### 中共政治局委員紀登奎

紀登奎是「文革」中後期、以及「後毛澤東時代」的中共政治人物。他是中共第九屆中央政治局候補委員，第 10、11 屆中央政治局委員。曾任中共國務院副總理，中央政法小組組長，中央軍委領導成員等職。

自中共 11 屆三中全會後，在政治上受排擠，被邊緣化；於 1980 年 2 月召開的中共 11 屆五中全會上，正式辭去所有職務。1983 年後，被任命為國務院農村發展研究中心正部級研究員。

### 中共國務院副總理吳桂賢

1975 年，在中共第四屆全國人民代表大會上，時任陝西咸陽西北

國棉一廠副廠長的吳桂賢當選為中共國務院副總理。是中共史上第一位女副總理。1977年中共11大，吳桂賢開始還是代表資格審查組的成員，當進行到中共中央委員人選討論時，登在簡報上的材料稱吳桂賢反周恩來。隨後，吳桂賢要求回到陝西咸陽西北國棉一廠。

### 中共國務院副總理孫健

1975年，在中共第四屆全國人民代表大會上，時任天津市分管工業的副書記的孫健當選為中共國務院副總理。「四人幫」垮台後，孫健又在副總理的位置上幹了兩年。1978年，他正在外地檢查工作，突然接到來自北京的電話，通知他停職檢查。

### 中共人大副委員長李素文

1975年，瀋陽市南塔商店第二門市部售貨員李素文來到北京，擔任中共全國人大副委員長職務。1976年，「四人幫」倒台後，李素文成了一個「問題人物」。沒有文件顯示李素文犯了什麼錯誤，也沒有罷免她中共人大副委員長的職務，只是通知她回瀋陽工作。

### 中共人大副委員長姚連蔚

姚連蔚在1975年擔任中共第四屆全國人大常委會副委員長。1979年被雙開，回到生產勞動工作。

### 中共政治局委員吳德

吳德歷任中共天津市市長、吉林省第一書記。1966年6月4日，吳德被任命為中共北京市委第二書記。之後，吳德被任命為中共北京市革命委員會副主任。1973年中共十大上，吳德進入中共中央政治局，

並任北京市委第一書記、市革委會主任。

1976 年「四‧五」天安門事件時，吳德主張嚴厲鎮壓，因此在北京市民中口碑極壞，被諷刺為「無德」。1976 年 10 月 6 日，華國鋒與葉劍英等聯手拘捕了四人幫，吳德積極參與了全程。

1977 年，吳德出任中共人大副委員長，但隨著華國鋒逐漸失勢，鄧小平等復出，吳德於 1978 年 12 月中共 11 屆三中全會上被受到批判，後被撤銷中共政治局委員職務。1980 年 4 月吳德辭去人大副委員長。

## 中共政治局委員陳錫聯

1950 年，陳錫聯任中共軍隊三兵團司令員兼中共重慶市委第一書記、市長和川東軍區司令員，1950 年任解放軍炮兵司令員兼炮兵學院院長，1955 年被授予上將軍銜。1959 年起任瀋陽軍區司令員，1973 年起任北京軍區司令員，中共中央軍委常委，中共國務院副總理等職，任九、十、11 屆中央政治局委員。1980 年 2 月，中共 11 屆五中全會，中央政治局委員陳錫聯辭職。

## 中共政治局委員、國務院副總理陳永貴

1980 年 8 月中共第五屆全國人大第三次會議接受中央政治局委員陳永貴要求解除他國務院副總理職務的請求。

## 中共中央總書記胡耀邦

文革開始後，毛澤東在 1966 年 8 月曾嚴厲批評共青團中央，稱胡耀邦、胡克實、胡啟立等在團中央工作的「三胡」犯了錯誤。一直到1975 年，胡耀邦恢復工作、出任中國科學院黨的核心小組第一副組長、中科院副院長。1977 年 3 月，出任中共中央黨校常務副校長，當年 12

月，任中共中央組織部部長；1981 年 6 月至 1982 年 9 月擔任中共中央主席；1982 年 9 月至 1987 年 1 月擔任中共中央總書記。

1986 年底至 1987 年初，中國各地的學生運動，武漢、上海、北京、昆明、廣州、天津等 17 個大中城市，舉行聲勢浩大的抗議遊行，「要民主，要自由，要人權，反官倒，反腐敗」的口號聲，震驚中南海。中共元老將學潮歸咎自由化知識分子煽動，以及胡耀邦的縱容。

據曾任胡耀邦助手的林牧，在《習仲勛披露胡耀邦下台前後政治內幕》一文中披露，1987 年 1 月 16 日，胡耀邦被迫辭去中共總書記職務。在「黨內生活會」上，退休的中共元老和一些年輕些的高級領導人輪流批評胡耀邦，未經過中共全會就完成了辭職程式。

## 中共中央總書記趙紫陽

「文革」期間，趙紫陽因為是「陶鑄在廣東的代理人」而成為最重要的攻擊目標。他被羅列了「八大罪狀」並遭監護審查。1971 年 5 月趙紫陽被分配到內蒙古工作。1972 年，再度調任中共廣東省委第一書記、省革命委員會主任兼廣州軍區政委。1975 年，鄧小平任命趙紫陽主政四川。

趙紫陽於 1978 年 2 月至 1983 年 6 月任中共政協副主席，1980 年 2 月在中共 11 屆五中全會上當選為中共中央政治局常委。1980 年 4 月任中共國務院副總理，1980 年 9 月，任國務院總理。1981 年 6 月在中共 11 屆六中全會上當選為中共中央副主席。

胡耀邦下台之後，「六四」事件中，趙紫陽因同情學生和反對武力鎮壓，而招致鄧小平、陳雲、李先念和李鵬等人的不滿，被免去黨內外一切職務。生命中最後的 15 年在軟禁中度過，於 2005 年逝世。

**中共中央政治局常委胡啟立**

胡啟立歷任中共團中央書記處書記、中共天津市委書記、市長、中央辦公廳主任、中央書記處書記,正式進入中共領導層。在 1985 年 9 月召開的中共 12 屆五中全會上,胡啟立與田紀雲、喬石、李鵬等被增補為中央政治局委員。1987 年 11 月 2 日舉行的中共 13 屆一中全會上,胡啟立升任中共中央政治局常委,同時兼任中共中央書記處排名第一的書記。

1989 年「六四」事件前後,因同情學生運動,胡啟立隨趙紫陽下台。胡啟立被免去政治局委員、常委、中央書記處書記的職務。

**中共中央書記處書記芮杏文**

芮杏文任中共上海市委書記與時任上海市市長的江澤民工作不合,芮杏文後來任中共第 13 屆中央書記處書記,主管意識形態工作,曾兼任中共中央宣傳思想工作領導小組副組長;是時任中共中央總書記趙紫陽的得力助手。

1989 年「六四」事件發生後,芮杏文隨趙紫陽、胡啟立、閻明復等人一同下台。1991 年 4 月復出,任國家計委副主任(正部長級)。1993 年 3 月當選第八屆全國政協常委。2005 年 6 月 5 日在北京逝世,享年 78 歲。

**中共中央書記處書記閻明復**

閻明復歷任中共第六屆全國人大常委會副祕書長、中共中央統戰部部長。13 屆一中全會上當選為中共中央書記處書記。1988 年任中共七屆政協副主席。

1989 年 5 月 14 日上午閻明復約請王丹、吾爾開希等人進行一系列

談話，對話持續直至 5 月 16 日，閻明復在得到趙紫陽同意之後來到廣場對學生喊話，還表示願意一起靜坐和做學生的人質。這些成為後來閻明復被撤職的重要藉口。

1989 年 6 月於中共第 13 屆四中全會上，閻明復與胡啟立、芮杏文一起被免去中央書記處書記職務。1990 年他被免去中共中央統戰部部長、政協全國委員會副主席以及中共政協全國委員會黨組副書記等職務。

## 鄧小平的淫亂與卓琳當家

儘管中共官方把鄧小平描述成一代偉人，不過他的私生活並不檢點。

據《紐約時報》副總編輯哈里森‧索爾茲伯里（Harrison E. Salisbury）於 1992 年出版的《新皇帝們：毛和鄧時代的中國》（The New Emperors: China in the Era of Mao and Deng），這本書是根據索爾茲伯里在中國的採訪和大量的文件及回憶錄寫成。

索爾茲伯里寫道：從 1960 年代中期到 1970 年代初期文革血腥殺伐期間，「毛的居所有時會有成群的年輕女孩。」毛的游泳池內上演裸體芭蕾舞劇，在他所到之處，「藝術團」和「舞伴」隨時都得待命。

1994 年 10 月 11 日，美國蘭登書屋出版了毛澤東 20 多年的貼身保健醫生李志綏所著的《毛澤東私人醫生回憶錄》。一個星期後，中文版在台灣問世。據悉，被中共列為禁書的《毛澤東私人醫生回憶錄》在台灣出版時也遭遇審查，涉及鄧小平的一些情節被刪，因為他們怕得罪鄧小平。

《毛澤東私人醫生回憶錄》英文版中記載：「在 1959 年中共高層

召開廬山會議，內鬥激烈，結果為民請命的彭德懷慘遭清洗出局，一場內鬥天昏地暗，中共高層人物中唯獨鄧小平沒有現身，原來在此之前鄧小平因打檯球摔斷了腿被迫留在病房，幸運的躲過了廬山風波。」

「但隱身病房的鄧並不安分，竟與一女護士勾搭搞大後者的肚子，姦行敗露，該護士遭鄧妻卓琳趕走，並為強制墮胎。」這段醜聞「文革」中曾有「紅衛兵」揭露。

《毛澤東私人醫生回憶錄》引起北京中南海震怒。這不僅是因為書中詳盡描述了中共主席毛澤東並不那麼光彩照人的一面，包括政治手段的高超和殘酷無情，以及私人生活的腐化糜爛；更是因為這是長期在毛澤東身邊工作的人第一次在海外出書，講述親眼所見的毛澤東其人其事。

然而 1995 年 2 月 13 日，就在《毛澤東私人醫生回憶錄》面世剛剛四個月以後，李志綏在美國芝加哥的住宅內猝然離世，外界盛傳被中共暗殺。隨他而去的是他尚未完成的第二本回憶錄——《中南海回想錄》和心中那些可能永遠無人知曉的紅牆內的祕聞。

據維基百科介紹，李志綏（1919 年～ 1995 年 2 月 13 日），生於北京，醫生世家，其曾祖父李德立是滿清同光年間的御醫。畢業於四川成都華西協和大學醫學院，1945 年獲醫學博士，1950 年後成為核心內醫療機構的主持人，自 1954 年被任命為毛澤東的私人醫生，直到 1976 年毛去世為止。1988 年移居美國。

## 鄧小平與李維漢「共產共妻」

據來自台灣、曾參加中共長征、1949 年被派到台灣充當中共特務，擔任中共台灣省委書記的蔡孝乾回憶，他曾和鄧小平的第二任妻子金維

映聊天，了解到中共幹部在蘇區的淫亂傳統，他們還振振有詞地說是女性解放、性解放的結果。

蔡孝幹說，那時在中共高官妻子中，「一個女子結婚三、四次，甚至五、六次者都是司空見慣。而這裡所說的，還是指公開的婚姻關係而言，至於非正式的『祕密老公』或『祕密老婆』之類的現象，更是非常普遍。」

「在談到蘇區男女關係的時候，金維映、鄧小平和李維漢的三角關係，又是另一種方式的典型。1933年鄧小平被國際派指為『羅明路線』在江西的執行者，而遭整肅之後，金維映即與鄧小平分離。此時李維漢（化名羅邁）任中共中央組織部長。金維映與鄧小平分離的同時，也離開了工作崗位——中共江西省委會（設於寧都），調到中共中央組織部工作，嗣被派到『勝利』縣擔任擴紅突擊隊長。」

「由於她在擴紅突擊運動中立了『功』，因被提拔擔任蘇維埃中央革命軍事委員會武裝總動員部（部長羅榮桓）副部長。由於工作關係，金維映與李維漢接觸的機會多了，不久便和李維漢沒有經過任何手續而結為『夫妻』，而且得到『公認』。」

「1937年抗戰開始，大批的女學生湧進延安，李維漢另有新歡，金維映成了黃臉婆，她和賀子珍（毛妻）、劉群先（博古妻）同樣的命運：被送到莫斯科，名為『留學』，實為遺棄了。」

鄧小平一生結婚三次，第一位妻子叫張錫瑗。1907年生，比鄧小平小三歲。兩人在莫斯科中山大學時相識，1928年初結婚。1930年1月，張錫瑗生產時因難產去世，孩子幾天後也死亡。幾十年後當鄧小平的女兒毛毛（鄧榕）寫父親傳記時，鄧小平還說：「張錫瑗是少有的漂亮。」

1939年8月，鄧小平與23歲的卓琳結婚時，鄧小平已經35歲，兩人相差12歲，生肖都屬龍。

據張聞天的妻子劉英回憶，當時因為鄧小平「要回前方去，只有趕快結婚了，結了婚才好帶走。所以，這樣，中央就給他組織了一個結婚儀式。這個儀式很簡單，就在楊家嶺毛主席那個窯洞外面的山坡上擺了一些桌子。在那個地方很熱鬧，小平同志和卓琳，還有孔原和許明，兩對很高興。雖然儀式很簡單，但是到的人都是高層次的。」

「敬酒敬得一塌糊塗，孔原同志也是高興了，喝酒喝得很多，最後就醉了，許明就埋怨他。可小平同志一點沒醉。我就奇怪，小平同志平時不喝酒的，他怎麼能夠不醉呀？那麼多酒，一杯杯的，他還很豪飲，來者不拒。大家給他敬呀，他喝那麼多酒，怎麼不醉呀？聞天就講，他說有假，我說什麼有假？他說是白開水。」

原來是鄧發和李富春弄了一瓶白水充作酒水，才使得他們的老友鄧小平免於一醉。那時中共醉生夢死現象很嚴重，一群滿懷抗日熱情的年輕人來到延安，但中共卻躲在後方，抗日全靠國民黨政府軍；相反的，中共還不斷在後方添亂。

卓琳原名浦瓊英，父親是雲南有名的「火腿大王」，是曾追隨孫中山革命的北伐軍少將。1931年，15歲的卓琳被挑選為雲南省體育代表團少年選手，準備參加在北平舉辦的全國運動會。趕到香港，「九一八」事變爆發了。國難當頭，運動會自然開不成了，雲南隊只好撤返。不過卓琳心有不甘，徵求家人同意後，她經上海輾轉北平，後考上北平女子一中。

1936年，卓琳以優異成績考上北京大學物理系，後去了延安。幾十年後她的幾個孩子，除了大女兒鄧林，其他都喜歡理科，兩個兒子鄧樸方、鄧質方也都學了物理。在鄧家，卓琳很具權威。

卓琳和鄧小平共生了五個孩子。大女兒鄧林出生在1941年9月11日。鄧林原名鄧琳，是由父親的姓和母親的名合成的，後來她嫌麻煩，

自作主張，去了「琳」字的「王」旁，就變成了「鄧林」。

按鄧林的說法，家中三姐妹的名字：鄧琳、鄧楠、鄧榕均為母親所取，都帶「木」字。大弟弟鄧樸方的名字，為劉伯承所取，取「樸直方正」的意思。由父親鄧小平所起名的，只有小弟弟鄧質方，含義與乃兄一致。

文革中鄧小平被下放江西，後來回到北京。1976 年周恩來死後，鄧小平又被軟禁，離家那天，鄧林給鄧小平的包裡塞進一副撲克牌。她知道，這副撲克牌會幫助父親度過孤獨的生活。

1976 年 7 月 28 日，唐山大地震。中共官方稱 24.2 萬人死亡，但實際死亡人數可能達 65 萬。當時北京也餘震不斷。那天晚上，鄧林在天搖地晃中醒來，她和丈夫吳建常一起衝出門去，發現爸媽沒出來，當時鄧小平已經 72 歲了。他們急了，拚命推門，門卻因地震而變形卡住了，打不開。最後好不容易才把門打開，把鄧小平、卓琳接出來。

鄧林剛剛鬆了一口氣，突然吳建常問她：「萌萌呢？」鄧林四周一看，沒有兒子的影子，她又在餘震中衝進兒子的房間。只見農村來的保姆在床上抱著萌萌說：「我以為汽車撞進屋了。」那天，鄧家的房屋塌了兩個角。隨後在院子裡的防震棚裡，過了一個夏天。

## 藉死人來鞏固自己地位

1949 年中共建政後大部分都處於混亂狀況，毛澤東掀起一場又一場群眾運動，使人民的生活質素不斷向後倒退。毛死後不久，文革結束，中國人的厄運並未有停止，中國人無論在經濟、生活質素和頭腦都被洗得一乾二淨，人民變得一無所有，政府亦沒有多餘的國庫來補貼百姓貧困的生活。

　　四人幫的倒台，完全在於軍民渴望快快尋求結束國內的混亂景象，而毛澤東一死，順理成章可以將文革的責任推掉在江青等人身上，過去他們無膽量反抗毛澤東，此刻他們可以對準毛澤東的餘黨開刀，結束一場無法無天的批鬥運動，文革結束後，華國鋒是毛的指定接班人，正好做一個過渡的角色。

　　1978 年底，中共 11 屆三中全會，鄧小平在中共黨、政、軍元老的支持下，重新走上中共的政治舞台。鄧小平在文革後期的遭遇十分受到國人的同情，然而，共產黨是刻意隱瞞鄧小平過去的一些罪過，例如 1954 年的高崗與饒漱石案的調查和處理是鄧小平負責，文革發生初期，鄧小平跟紅衛兵一樣都是奉毛澤東之命四處批鬥其他同僚；其女兒鄧榕在 1966 年 8 月北京師範附屬的女子中學鬥爭運動中，是紅衛兵的負責人之一，將卞仲耘等人以殘酷形式折磨至死，其實在鄧小平未被批鬥前，他都是跟隨毛澤東去批判別人。

　　鄧小平掌政後為了進一步鞏固個人領導地位，在「四個堅持」中除了例行的有關共產黨主義一切的信念外，特別強調重申堅持毛澤東思想，亦即說，縱使毛澤東在新中國成立後做了多少對中國人民傷天害理的事，鄧小平都為他在黨內確立了屹立不搖的「神聖」地位。鄧死後，共產黨的接班人個個都學鄧藉死人來鞏固自己地位。

　　1979 年 1 月中共與美國正式建交，鄧小平立即到美國訪問會見美國總統卡特，他的國際聲望如日中天。同時間，一些青年發起的「北京之春」運動，要求在四個現代化以外，增加第五個現代化，也就是政治的民主化。鄧小平訪美回國後，立即下令逮捕魏京生等人。罪名是洩露國家機密。這是欲加之罪，何患無辭。所謂國家機密，沒有一點來自國家機密文件，全部都是報紙上可以看到的消息。但是魏京生還是被判處了 15 年的徒刑，目的顯然是殺雞儆猴，以扼止中國民主運

動的發展。

1989 年北京發生了震驚中外的「六四」天安門學生運動，當時近十年的經濟改革在國內已有一定的成績，可是改革的背後正因為法制的欠佳，導致一連串的社會問題叢生，貪污腐敗哭訴無門，黨幹部橫行無忌，鄧小平最後選擇了軍事鎮壓來結束這場學生愛國的民主運動。

屠殺人民者，沒有資格做領袖。

## 毛澤東與鄧小平的恩恩怨怨

2006 年 11 月 4 日，美國之音發表一篇文章，回顧了毛澤東與鄧小平在文革中的恩恩怨怨。

1971 年 11 月 6 日和 1972 年 8 月 3 日，還被軟禁在江西的鄧小平藉林彪倒台的機會先後兩次寫信給毛澤東，大罵林彪，承認自己「同劉少奇一塊推行了一條反革命的資產階級反動路線」。他還對毛大表忠心說，「無產階級文化大革命揭露我和批判我，是完全應該的」。「無產階級文化大革命是完全必要的、非常及時的」。鄧小平還再次保證「永不翻案」，並且希望出來工作。

1972 年 1 月，毛澤東在陳毅的追悼會上放出重新起用鄧小平的風聲，毛表示，鄧小平和劉少奇不一樣，是人民內部矛盾。8 月 14 日，毛澤東對鄧小平的來信批示說，「鄧小平同志所犯錯誤是嚴重的」，但是「應與劉少奇加以區別」，說鄧曾經是「毛派的頭子」，「沒有歷史問題」，「有戰功」，「沒有屈服於蘇修」。

1973 年 3 月 9 日，毛澤東批示同意恢復鄧小平的黨組織生活和國務院副總理的職務，參加中共政治局重要政策問題的討論。在 8 月的中共十大上，鄧小平再次成為中央委員。文革中「劉鄧資產階級司令部」

的第二號走資派鄧小平復出，在當時的中國人看來有些不可思議。答案還是在毛澤東和鄧小平之間的歷史淵源之中。

## 毛一直最器重鄧小平

1933 年，擔任中共江西省委宣傳部長的鄧小平由於積極推行毛澤東的政策而受到排擠，這是他「三起三落」中的「第一落」。他也因此和毛澤東形成了「患難之交」。此後，鄧小平一直是毛澤東最器重的一個人。

1952 年，在成都擔任中共西南局第一書記的鄧小平奉調進京，擔任副總理，提拔他的就是毛澤東。1956 年在中共八大上，毛澤東親自提名鄧小平擔任中共中央總書記，名列黨的領導人第六位。1957 年，毛澤東在與蘇共頭子赫魯曉夫談話時曾經說自己的接班人，「第一個是劉少奇，第二個是鄧小平。」

1957 年毛澤東發動反右運動，鄧小平把將近 500 萬人打成「右派分子」和「右傾分子」。這就是為什麼鄧小平直到死也沒有徹底否定中共的「反右」運動。

50 年代末到 60 年代初，本來是兄弟關係的中蘇關係惡化，鄧小平與蘇方針鋒相對，「堅決維護毛澤東的威信和形象」，使毛大為滿意，以後多次提及。

1958 年毛澤東發動「大躍進」，鄧小平開始是堅決支持，但是到了 1960 年，鄧小平改變了對「大躍進」的看法，與劉少奇一起試圖糾正「大躍進」的失誤，因此也開罪了毛澤東。

1961 年 3 月，鄧小平沒有按照毛澤東的意圖安排一次會議，毛顯然認為鄧不尊重自己，大怒道：「這是哪一個皇帝決定的？」1962 年

鄧小平在一次會議上提出人民公社的錯誤，毛生氣地打斷鄧的話說，「這幾年錯誤就那麼一點，誰不犯錯誤？人不犯錯誤，天誅地滅。」1965 年 1 月，毛澤東在中共政治局會議上批評鄧小平為首的中央書記處搞「獨立王國」。1966 年，文革開始。8 月 25 日毛批評說，從 1959 年以後，鄧小平六年不向他彙報工作，一開會就坐在離他很遠的地方。

不過，毛澤東當時可能還是想保住鄧小平。1966 年 10 月，毛澤東在鄧小平的檢討上批示時曾經鼓勵鄧小平重新「站起來」。毛說：「幹了半輩子革命，跌了跤子，難道就一蹶不振了嗎？」

毛澤東還曾經希望鄧小平能夠和文革派配合工作。鄧小平後來回憶說，「『文革』開始的時候，主席找我談話，要我跟林彪搞好關係。我答應了。但與林彪談了一次就談崩了。」

文革中，即使是鄧小平被打倒了，毛澤東仍然不斷強調要和劉少奇區別對待。1967 年 5 月，毛澤東讓汪東興向鄧轉告，劉、鄧可以分開處理。如果有事可以寫信給他。毛並且在幾天之後接見了鄧。毛對鄧的批評態度緩和。

1967 年 7 月到 8 月，鄧小平被抄家批鬥。7 月 16 日，毛還對當時的中共中央文革小組成員王力說，「小平，文可以同少奇、恩來相比，武可以同林彪、彭德懷相比。」「林彪要是身體不行了，我還是要鄧小平出來。鄧小平至少是常委。」對鄧，「打倒一年，頂多打倒兩年。」

當時的中共軍隊代總參謀長楊成武回憶說，1967 年 9 月，毛澤東談到讓鄧小平在中共九大上當中共中央委員。在 80 年代初，鄧小平也說過，九大時，毛澤東提出過要鄧當中共中央委員，進政治局，但是林彪他們不同意。

1967 年 11 月 5 日，毛指示中央文革把鄧同劉少奇區別對待。1969

年 3 月，毛澤東表示不要寫「劉鄧資產階級修正主義路線」，而只寫劉少奇一個人。毛說：「鄧小平同志打過仗，同劉少奇不一樣。」

1968 年，在開除劉少奇黨籍的中共八屆 12 中全會上，毛澤東先後兩次為鄧小平講好話，說「不要開除黨籍，最好嘛還能夠做點工作。」保留了鄧的黨籍，為日後重新起用鄧埋下伏筆。

毛澤東還下令汪東興直接管理鄧小平的事務，保護了他的人身安全。鄧小平的女兒鄧榕在回憶鄧小平的書中說，鄧小平被送到江西軟禁的時候，江西省政府的辦公室主任親自接機，親切地稱鄧小平為同志，說「毛主席叫你來江西，我們非常歡迎。」鄧小平在這裡住的是原福州軍區南昌陸軍步兵學校少將校長的小樓，被稱為「將軍樓」，並且在一公里以外的一個縣拖拉機修造廠「監督勞動」，這與當時劉少奇的命運有天壤之別。

1971 年 8、9 月間，毛澤東在準備打倒林彪的南巡期間又想起了鄧小平。他說：「鄧小平不同於劉少奇，要有區別。百萬雄師過大江，當時有個前委，主要還是鄧小平起作用的。」

## 復出完全得益於毛

有人認為，鄧小平在文革中的復出是周恩來鼎力相助的結果。美國威斯康辛大學的教授郭建博士說：「鄧小平應該說是毛澤東的人，而不是周恩來的人。」

文革專家宋永毅認為，毛澤東要鄧小平出來，就是為了鉗制周恩來，因為毛澤東在林彪事件以後，他發現周恩來手下的人一下子填補了很多由於清洗林彪集團成員造成的真空。毛是個玩權術的老手，他永遠想讓他手下那些派別互相鉗制。第一，讓鄧小平出來幹實事，有一些事

情恐怕是那些年輕的，比如說王洪文等人所幹不了的。第二個呢，讓鄧小平出來鉗制周恩來。

不過毛澤東所始料不及的是，周恩來和鄧小平在這個時期的政治和經濟觀點很接近，基本可以說是一致的。

毛澤東讓鄧小平復出以後還曾經考驗過鄧小平對周恩來的態度。1973 年 11 月到 12 月間，毛澤東為了壓制周恩來，對周與美國總統國家安全事務助理基辛格談判中的表現橫加指責，指示中共政治局召開會議批判周恩來對美外交的「右傾投降主義」。毛澤東特別指定鄧小平列席會議。鄧小平也的確在會上主動發言。他說，「你現在的位置離主席只有一步之遙，別人都是可望而不可及」，而你是「可望而可及」，希望你自己能夠十分警惕這一點。

文革專家高文謙在《晚年周恩來》一書中說，「鄧小平揣摩出毛澤東點名讓他參加批周會議的用心。為了讓自己的考試及格，在政治上更上一層樓，鄧在發言中對周做了誅心之論，話雖不多，分量卻很重，僅僅幾句話就把毛對周的欲加之罪講了出來，而這恰恰是讓周恩來深感委屈的地方。鄧並非不知道這一點，但為了重新獲得毛的信任，還是昧著良心講了出來。」

果然，毛澤東得知鄧發言之後高興地說：「我知道他會發言的，不用交待也會發言的。」於是，1973 年 12 月 12 日，毛在中共政治局會議上宣布給鄧小平加官進爵。他說：「現在，請了一個軍師，叫鄧小平。發個通知，當政治局委員、軍委委員。」「我想政治局添個祕書長吧，你不要這個名義，那就當總參謀長吧。」鄧小平再次進入中共最高決策圈。

## 與文革派發生衝突

鄧小平的復出顯然阻擋了江青為首的文革派接班之路，引起他們的不滿。1974 年 3 月，就在鄧小平進入中共最高決策層三個月以後，中共外交部就出席聯大第六屆特別會議代表團團長人選問題請示毛澤東。毛澤東提出讓鄧率團前往。江青等人曾經大力阻攔。但是毛壓制住了江青的反對意見。

1974 年 10 月 17 日，江青等人藉口「風慶輪」事件向鄧小平發難，鄧小平與江青爭論之後拂袖而去。江青等人派王洪文向毛澤東告狀。毛不僅批評了王洪文，還對鄧說：「你開了一個『鋼鐵公司』，好！我贊成你。她（指江青）強加於人哪，我也是不高興的。」

1975 年 1 月，鄧小平成為中共政治局常委和副主席，中共軍委副主席兼總參謀長。毛澤東還指定鄧起草中共四屆人大的政府工作報告。

1975 年 1 月 13 日，中共召開四屆人大，鄧小平成為第一副總理。2 月開始，毛澤東指定鄧小平代理周恩來主持國務院工作。鄧小平開始整頓經濟，試圖扭轉中國工業生產大幅度下滑的局面。但是從 1975 年 3 月開始，文革派開始批判「經驗主義」，影射周恩來和老官員。鄧小平在 4 月向毛澤東請示。毛出面制止，並且批評江青、王洪文、張春橋和姚文元搞「四人幫」。4 月和 5 月，中共政治局先後幾次開會批評江青等人。江青和王洪文做了檢討。

在鄧小平同文革派的衝突中，毛澤東在開始的時候基本上是偏向鄧，批評文革派。比如，1974 年 12 月 23 日，周恩來和王洪文一起赴長沙向毛彙報中共四屆人大的人事安排。毛在評價鄧小平時，指著王洪文對周恩來說，「Politics（政治）比他強」。毛澤東是說，在政治上，鄧小平比當時文革派地位最高的王洪文要強。毛還在紙上寫道，「人才難」。周恩來會意地說，「人才難得。」毛澤東堅持讓鄧小平出任第一副總理，而讓文革派的張春橋擔任第二副總理。

1975 年 6 月底，毛澤東對主持中共政治局日常工作的王洪文失望，令王洪文回浙江、上海，改由鄧小平主持中共政治局日常工作。

毛也曾經希望江青與鄧小平搞好關係。1975 年 5 月，毛曾經要求江青去會見鄧小平，好好談一談。結果兩個人不歡而散。鄧小平後來回憶說：「毛主席叫她來，她不敢不來。談得不好。」其實，以鄧小平本來的心態，他和文革派必然會發生矛盾。鄧小平女兒鄧榕在《我的父親鄧小平：「文革」歲月》一書說，1972 年 11 月 18 日，尚未復出的鄧小平就說：「林彪垮台了，我們黨的日子會好點。就是有那麼幾個書生在胡鬧。」

1975 年 8 月，清華大學黨委副書記劉冰寫信給毛澤東，指責屬於文革派的北大負責人遲群和清華大學負責人謝靜宜。毛澤東則認為劉冰的矛頭是針對毛本人的，代表了鄧小平的路線。9 月底，毛澤東指定自己的侄子毛遠新擔任自己和中共政治局的聯絡員。江青的文革派借助與毛遠新的密切關係，向毛澤東傳遞了不少不利於鄧小平的資訊。

## 鄧被毛第三次打倒

1975 年 11 月 2 日，毛遠新對毛澤東說，鄧小平「很少講文化大革命的成績，很少批判劉少奇的修正主義路線」。毛澤東最擔心的就是文革翻案。他不滿地說：「一些同志，主要是老同志，對文化大革命兩種態度，一是不滿，二是要算帳。」

不過，毛澤東還是對毛遠新說，對鄧小平不是打倒，而是改正錯誤。

1975 年 11 月 20 日，毛澤東希望給鄧小平最後一個機會，提議鄧小平主持制定一個評價文革的政治局決議。毛說文革七分成績，三分不足。鄧小平推託不幹。毛澤東大失所望。鄧小平隨後被停止了大部分工

作。11 月 26 日，中共發出「反擊右傾翻案風」的通知。

　　1976 年 1 月 21 日，毛澤東提議華國鋒任中共國務院代總理，並且接替鄧小平主持中共中央日常工作。至此，毛澤東希望鄧小平接班的想法終於破滅，鄧被第三次打倒勢在必行。

第二節

# 鄧林為六四屠殺辯護

鄧小平長女鄧林（右一）
1997 年 2 月 25 日於鄧小平葬
禮上。（AFP）

## 鄧小平家族兒孫輩一覽表

| 兒輩 | 鄧林（長女） | 鄧樸方（長子） | 鄧楠（二女兒） | 鄧榕（三女兒） | 鄧質方（小兒子） |
|---|---|---|---|---|---|
| 職位 | 畫家 | 全國政協副主席、中國殘聯主席、1989年前康華公司負責人 | 原科技部副部長、科協第一書記 | 駐美大使館三祕、民主與法制出版社社長、中國國際友好聯絡會副會長、《我的父親鄧小平》作者 | 首長四方負責人 |
| 配偶 | 吳建常 | 高甦寧 | 張宏 | 賀平 | 劉小元 |
| 職位 | 中國有色金屬總公司總經理，冶金部副部長，中國鋼鐵工業協會副會長、黨組書記 | 骨科醫生 | 中國科學院科技開發局局長 | 少將，解放軍總裝備部副部長、中國保利集團公司副董事長、總經理 | 留美博士、科技公司工作 |

| 孫輩 | 鄧卓泝（二子） | | 鄧卓芮（長女） | 鄧卓玥（三女） | 鄧卓棣（么兒） |
|------|---------------|---|----------------|----------------|----------------|
| 職位 | 計算機專業畢業，從事金融、科技工作 | | 不詳。她出生時鄧小平正落難江西，孫女成了當時鄧小平的精神支柱。 | 16歲赴美讀書，波士頓威爾士麗女校心理學畢業，2003年回國，北京卓雅清和公關顧問公司創辦人，「集善嘉年華」發起人。現在加拿大定居，育有一個女兒。 | 2012年底任廣西平果縣副縣長 |

## 鄧林丈夫吳建常是稀土大王

鄧林，1941 年出生在河北。1962 年畢業於中央美院附中，1967 年畢業於中央美院國畫系。1973 年分配到北京畫院任專職畫家兼任花鳥畫創作室副主任，1986 年調入中國畫研究院任專職畫家。現為一級畫師，中國國際友誼促進會副會長，澳門中華文化藝術協會名譽會長中國美術家協會會員，東方美術交流協會會長。

據香港時政評論員林保華披露：「至少她（鄧林）的作品的價格，已加上了鄧小平的身價，例如香港的兩個大富豪在 1986 年底就分別以 50 萬和 60 萬港元買下她的兩幅畫……而包括香港、台灣的一些人也為她捧場，目的當然就是捧鄧小平的場，期求得到一些施捨。」

「吳建常是鄧林的丈夫。他的中國有色金屬總公司搞了個香港分公司。中國有色在香港有三家上市公司，即東方有色集團、東方鑫源集團、銀建國際，吳建常是這三家上市公司的董事會主席。這三家公司不但是『中國概念』，而且是『駙馬概念』。在鄧小平生前，吳建常常來香港，新聞不少，公司股價自然也有不凡的表現了。」

吳建常被人稱為稀土商業大王，不過官方簡歷卻給他披上一層學術色彩。官方簡歷稱他 1939 年 6 月出生。「於 1964 年畢業於衡陽礦冶工

程學院（現南華大學）有色冶金專業；1964年9月至1984年4月，於北京有色金屬研究總院任職工程師、副處長；1984年4月至1994年8月，中國有色金屬工業總公司，副總經理；1994年8月至1998年，中國有色金屬工業總公司、總經理。1999年起任中國鋼鐵工業協會副會長、黨組書記。中國共產黨第13、14、15次全國代表大會代表。」

據《南華早報》報導，吳建常曾經是國有有色金屬企業的高管，1993年成為一家下屬公司董事長，公司在香港上市。吳建常曾擔任中國有色金屬工業總公司總經理、冶金部副部長、冶金局副局長，中國鋼鐵工業協會黨委書記和副會長等職務。他同時也是在奧斯陸上市的金輝船務運輸的榮譽董事長和江西銅業的董事會成員。

吳建常不僅握有了中國稀有金屬的買賣權，還在香港擁有多家上市公司的股權如金輝集團、東方金源、百利大等，總資產達數十億港元。

這些由吳管理的公司，加上鄧另一位女婿張宏旗下的公司，協力買下主要提供美國通用汽車（General Motors Co）的稀土廠商，因此兩人得以主宰稀土市場，現在很多美國的智慧炸彈、風力渦輪機和混合動力汽車所需的稀有礦物都來自中國供應商。

## 鄧林為父親開脫「六四」罪責

鄧林2007年到香港參加了「慶祝回歸十周年」活動，期間參加了香港電台的《舊日的足跡》節目。在這個歷時兩小時的專訪中，鄧林被問到了「六四」問題，她竭力為父親辯護。

比如天安門「清場」的決定到底是誰做出的，鄧林說，應該是集體負責。她說：「我想，應該是他們領導人決定。這個不應該說哪一個人來具體負責，而是整個。」

因 1989 民運被判重刑的「六四黑手」、北京學者陳子明接受美國之音採訪時表示，鄧林說的完全不符合事實。他說：「這是睜眼說瞎話。為什麼？因為中共當時有組織機構、有黨章。有規定要怎麼做事。好像『戒嚴法』、『國務院組織法』規定李鵬應該怎麼做事一樣。根據當時的中共黨的組織機構，最高層政治局常委五人，我們知道至少有兩人不贊成鎮壓的，有一個人起初也是不贊成，一共有三個人不贊成。」

陳子明說，共產黨當時還有一個處理日常事務的書記處，有總書記和幾個書記，具體事情應該由書記處來承擔，當時的總書記趙紫陽和幾個書記閻明復、芮杏文、胡啟立後來都被撤職，包括喬石，全都不贊成鎮壓。「如果說不是鄧小平決定鎮壓的，是哪些領導人決定的？」

陳子明還回應說：「鄧小平有兩面。一面是改革開放，或者說是片面的經濟改革思想。另外一面是政治改革，他也說過一些，但他沒有真正實行過。他說『堅定的思想』，這是改革開放思想嗎？我覺得她所謂堅定思想是無產階級專政的思想。改革開放思想和無產階級專政思想，發展到一定程度是不能並駕齊驅的。」

陳子明認為：「『六四』這樣的事件，不可能由於時間的推逝而改變性質。就像希特勒幹的這樣的事情，再過 100 年，甚至再過 1000 年，也不會改變對其性質的判斷。」

## 對「六四」的思考

《南都周刊》前副總編輯長平在《克倫茨小平》一文中，就一些看似蓋棺定論的問題重新思考後得出不同的答案。他寫道：

「第一，『六四』民運成功還是失敗？對於中國來說，它無疑是一場大悲劇與大屠殺。坦克和槍炮開進北京，手無寸鐵的和平抗議者喋

血街頭，死者至今數目不明，冤屈未伸，不能得到公開的悼念和祭奠。另一方面，它讓世界人民看到了專制政權可能出現的瘋狂暴虐，毫無底線，激勵人們和它作堅決鬥爭。那一輪抗議浪潮，作為一個整體，無疑又是風捲殘雲般的巨大勝利。

第二，政府用軍隊鎮壓民眾是迫於無奈嗎？一直有一種批評，說參加抗議的大學生過於激進，逼得政府沒有退路，不得已開槍恢復秩序。把『六四』放到蘇聯東歐劇變的整個運動中看，就會發現這種批評何其荒謬。就非暴力運動而言，還有比要求政府下台，也真的迫使政府下台，甚至國家解體、消亡的抗議更激進的嗎？天安門廣場的大學生，只是要求政府反腐敗、搞民主而已，如果北京政府可以開槍，東歐國家人口還剩幾何？何謂政府迫於無奈，民主改革難道不是理所當然的退路嗎？

第三，政府選擇了社會穩定嗎？民主改革會導致社會動亂，如此荒謬的說法竟然被成功宣傳。23 年之後，社會渙散，人倫盡毀，群體事件此起彼伏，維穩體制拆東補西，商人、官僚、藝人和普通百姓紛紛移民，這是日趨穩定的社會嗎？看看東歐及俄羅斯諸國的社會秩序，你就會明白維穩經費有多麼浪費。另一個成功的宣傳是，中國很大很複雜，不搞專制就會亂。事實上，80 年代的中國，是中共統治 60 餘年來，最充滿希望、最不易動盪的年代，人們團結一致，積極樂觀，視改革開放為新的真理。民主改革毫無疑問會得到全社會的熱烈支持，動亂從何談起？

第四，『六四』鎮壓的受害者只有中國人嗎？從道義上說，很多西方人都知道，只要有一人受壓迫，全人類都不自由。但這遠遠不夠。從實踐上說，八九民運促進了蘇聯東歐劇變的發生，同時也使中國成為後冷戰時代的棄兒。很多當年義憤填膺的港台人、西方人，如今都被中國的市場誘惑，樂於與中國政府合作。他們在拋棄中國人的同時，也背離

了自己的政治和道德倫理。『六四』鎮壓讓中共覺得什麼風浪都能挺過，後來更相信任何東西都可以用金錢換取。『與魔鬼交易』正在困擾全世界。」

## 鄧林兒子鄧卓沂

按理說，吳建常的兒子萌萌應該姓吳，不過他卻姓了鄧。

據說鄧家有個特別的規矩，其第三代無論是內是外，全都隨鄧小平姓，又以鄧小平妻子卓琳的卓字為其第二字。是以鄧家四位孫輩，無論是孫子、外孫都叫鄧小平爺爺，名字中的前兩個字都是「鄧卓」。不過無法考證這個規矩是什麼時候開始的。比如說當萌萌 1975 年出生時，鄧小平還在江西下放，估計那時鄧林也不敢給孩子取名姓鄧，改名都是鄧小平重新掌權後，可能是 80 年代初才改名的。

到 2013 年鄧卓棣當上縣長時，鄧卓沂已經 38 歲了。他步父親吳建常的後塵，進入了金屬行業。他經營的公司購買了一家澳洲鐵礦的股份。名片顯示，鄧卓沂是易簡投資的董事長，中國和香港的公司記錄也將他關聯到這家公司。澳洲公司金西資源（GWR）2012 年年報顯示，作為 2008 年一項交易的一部分，易簡投資擁有 160 萬股，或 0.83％的該公司股票。

## 第三節

# 鄧樸方與胡錦濤的回報

2012 年 11 月 14 日鄧樸方在中共 18 大上與胡錦濤握手。胡是鄧小平指定的中共接班人，2008 年胡讓鄧樸方升任中共政協副主席。（AFP）

### 鄧樸方雙腿癱瘓

　　文革前，鄧樸方以每科 90 分以上的好成績考上北大物理系。關於其殘廢，大陸普遍說法是 1968 年 9 月，造反派頭頭聶元梓唆使一群紅衛兵，把鄧樸方關進一間被放射性物質污染的實驗室裡，並把門封死。鄧樸方知道，如果在這間放射線已外洩的房間待太久，自己必死無疑。情急之下，想翻窗順四樓的水管逃走，不料，從八米高摔落地面，脊椎骨受重傷。這一摔，改變了他的一生。

　　不過鄧樸方自己承認，當時是覺得生活沒有出路了，不堪受辱，自己跳樓自殺。當時只是兩腿癱瘓，由於沒有醫治，後來導致腰部以下癱瘓，因此鄧樸方雖然也和一位女醫生結婚了，但沒有後代。

　　鄧小平一直很疼愛這個長子，對於他寧可自殺也不出賣父母，更是覺得自己虧欠了這個孩子。鄧小平一上台後，就馬上在國外為鄧樸方找

最好的醫院加以治療。1980 年還在加拿大做了脊椎手術,當時加拿大政府免費為他支付了近 50 萬美元的醫療費用。

## 鄧樸方的發家史

1978 年鄧小平推動改革開放,允許一部分人先富起來,整個 80 年代以鄧家子女為首的中共高幹子弟紛紛下海經商。1984 年 9 月,由中國殘疾人福利基金會投資 600 萬元,外加中共中央計委撥付 500 萬美元外匯額度,經貿部授出口經營權,財政部稅務總局給免稅待遇,在這三道金牌的護衛下,「康華公司」誕生,由鄧樸方任董事長,主營進出口貿易。所獲利潤,1985 年 997 萬元,1986 年 1756 萬元,1987 年 2200 萬元,免交稅金 3056 萬元。當時的人民幣比現在值錢十倍。這就是「小康華」。

1987 年,鄧樸方請示中共中央,並遊說十餘位中共中央級「老人」,欲建「大康華」。1987 年 6 月,時任中共總理李鵬批准成立「大康華」,直屬國務院,特批免稅待遇。註冊資金兩億元,實投 1.2 億元。由前石油部副部長、前冶金部長唐克任董事長,前煤炭部長高揚文任副董事長,前北京市常務副市長韓伯平任總經理。

憑藉中共國務院的行政背景、鄧樸方的政治後台、退休官僚的裙帶關係和經濟上的特惠待遇,大「康華」自然順風順水,財源滾滾。

美國來了代表團,與「康華」談判,想把 C130 飛機的全套生產設備遷來中國,日本也來了高級代表團,找「康華」談判,想在中國投資再建一座規模相當於「寶鋼」的大鋼廠,香港的甘維珍諮詢公司也來找「康華」,介紹美國最大的 IAB 保險公司想同「康華」合作,進入大陸的保險市場,日本伊藤忠商社主動上門,表示願提供 10 億美元貸款,年利率 4.5%,大大低於當時英國 8% 左右的萊波爾利率,由此可見「康

華」的「魅力無窮」。

一年後,「康華」已擁有二級公司 58 個,三級公司 113 個,驚人地「興旺發達」。

## 胡錦濤回報鄧小平提攜之恩

「六四」後,鄧小平讓鄧樸方收手,退出了康達。江澤民踏著「六四」血跡上台後,開始由於根基不穩,江對鄧家人畢恭畢敬,不過等他和曾慶紅搞垮楊尚昆、楊白冰兄弟倆後,哪怕鄧小平還活著時,江澤民就想拿鄧家人出氣,若不是卓琳尋死尋活地保鄧質方,鄧家小兒子就得跟著陳希同一起進監獄。

2008 年胡錦濤為報答鄧小平的提攜之恩,讓中國殘疾人聯合會主席鄧樸方升任中共全國政協副主席,躋身中共領導人之列。當時 63 歲的鄧樸方在 16 大上當選候補中央委員,排名是最靠後的,17 大上卻未入中委名單,其 60 歲的胞妹鄧楠則以中共科協黨組書記的身分當選中央委員。據說對鄧家兄妹的這種安排,是中共總書記胡錦濤的直接布署。

眾所周知,胡錦濤是鄧小平指定的中共接班人。當年胡錦濤是由宋平推薦給當時的中組部長宋任窮,再由宋推薦給已故中共總書記的胡耀邦,在胡耀邦的關心下,由甘肅調進共青團中央,開始胡錦濤的政治仕途。後來,由鄧小平親自考察,決定胡錦濤為中共接班人的培養對象,指定為江澤民之後中共總書記的繼任者,這就等於給江澤民「斷了後」。

## 李莊案 鄧樸方怒斥薄熙來

2012 年薄熙來事件後,中共兩會上的一張由外國記者拍攝的照片

在網路上瘋傳，那就是薄熙來畢恭畢敬地給鄧樸方的殘疾車讓路，而鄧樸方卻傲視不理的一瞬間。民眾評論這種照片撲捉到了太子黨之間關係的微妙一刻。薄熙來當年因李莊案惹怒眾其他太子黨的一段陳年舊事再次被提起。早期曾表態支持薄熙來繼續在中共黨內升任的鄧樸方，在李莊案之後，公開表態說薄熙來「不講義氣，靠不住」。

紅色太子黨薄熙來的狂妄自負，在他於重慶掀起的政治運動「唱紅打黑」中表現得淋漓盡致。他利用心腹酷吏王立軍打擊、折磨私人企業老闆、掠奪他們的財產時，北京律師李莊因民營企業家龔剛模的案子無意之中被牽扯進來。

李莊是北京康達律師事務所的律師，該所的負責人傅洋，是中華全國律師協會副主任，而傅洋的真實身分是原中共人大委員長彭真的二兒子。康達的副主任鄭小虎是最高法院第六任院長鄭天翔之子，另一位副主任林星玉是原中共人大副委員長林楓之女。而康達的前身就是鄧樸方康華公司的法律部。

薄熙來抓捕李莊後，傅洋託人說清，想和薄熙來達成妥協。哪知薄熙來不領情，非要拿李莊案為自己的唱紅打黑「增添光彩」，起到殺雞儆猴的作用。薄熙來明知抓李莊就等於得罪了一大批太子黨，他仍鋌而走險。一方面他要把自己樹立成左派的「領袖式」人物，成為敢於挑戰律師權威的「毛左旗幟」，另一方面薄熙來也想在太子黨中立威：「同為太子黨，為什麼是習仲勳的兒子上位，而不是薄一波的兒子呢？我薄熙來不是也能幹出驚天動地的事嗎？」

據說李莊案後，鄧樸方主動和中共高層「溝通」，公開表態說薄熙來「不講義氣，靠不住」。

## 第四節

# 鄧楠——鄧家子女中第一個高官

鄧小平次女鄧楠於 2013 年 3 月 3 日參加全國政協開幕。（新紀元資料室）

由於母親卓琳是學物理的，鄧家幾個孩子都選了物理：鄧樸方、鄧質方和鄧楠都是北大物理系或技術物理系畢業。當時中國流行一句話：「學好數理化、走遍天下都不怕」，選攻物理成為當時考大學的第一志願。

官方簡歷介紹，鄧楠出生於 1945 年 10 月，1970 年畢業於北京大學物理系。曾在中國科學院自動化研究所及中國科學院半導體研究所任研究實習員，她也曾擔任國家科委政策局副局長、國家科委社會發展司司長。1991 年 11 月，就任國家科委副主任。1998 年任科技部副部長。2005 年任中國科協常務副主席、黨組書記。2007 年 10 月當選中共 17 屆中央委員會委員。

### 薄熙來邀鄧楠到重慶

2009 年 9 月，曾遭薄熙來迫害入獄的前香港《文匯報》記者姜維

平在《薄熙來為什麼邀請鄧楠去重慶？》一文中寫道，「9月7日，第
11屆中科協年會在重慶舉行。表面看來，這僅僅是一個普普通通的半
官方群團組織搞的一次例會，並不被外界人們重視。但是重慶新聞界消
息靈通人士披露，在中共17屆四中全會臨近之際，薄熙來為了掃清仕
途上的障礙，正在拚力一搏，進行最後的衝刺。他藉此良機遊說參加會
議的鄧楠及軍內太子黨，對胡溫施加壓力，讓他擠進政治局常委的行
列，因此他們兩人的私下會見，可能會影響中共高層權鬥，進而左右中
國充滿變數的政局。」

　　該文表示，2003年，58歲的鄧楠被免去國家科技部副部長的職務，
免職時沒有公布是否另有任用，其去向引起不少人的猜測，她本人也頗
為不快。按中共慣例，副省部級領導的退休年齡為60歲，於是胡錦濤
為了安撫她，又讓其出任中國科學技術協會黨組書記，其行政級別為正
部級，較科技部副部長還高出半級。這才讓她的心情有所平和。毫無疑
問，鄧小平家族以及在軍隊中頗有勢力的王瑞林對胡的支持至關重要。

　　「重慶新聞界消息人士稱，近期重慶的所謂『掃黑除惡』與前一
段時間的『唱紅歌』、『讀經典』、『發紅色短信』活動，都是薄熙來
及其太子黨精心策劃的一場『政變預習』，因為他們認為習近平太軟弱
溫情，不能確保他們父輩們打下的紅色革命江山不變顏色，因此躁動不
安。他們還認為『甕安事件』、『石首事件』、『新疆事件』等之所以
接連發生，不是共產黨領導的失誤問題，而是胡溫政權太無能，太軟弱
可欺，是共青團派不採納他們的意見，『儲君』習近平太憨厚，太寬容
造成的。」

　　「而且遼寧多有檢舉揭發薄熙來經濟問題的信件，胡錦濤指示賀國
強等人帶領中紀委辦案人員正在核查，所以時不我待，處境危險，薄熙
來決定破釜沉舟，先下手為強，果斷打響了由200個專案組多達7000

人參加的重慶『反貪打黑大清洗』運動。」

「他一方面暗中調查掌握了汪洋、賀國強等高官與文強等重慶地方官的瓜葛，對其重用的一批官員進行了抓捕與逼供，另一方面又從大連、瀋陽、山西等地組織了 1500 多人，在國內外媒體上以各種筆名刊發文章，對重慶尚未經過法院宣判的案件進行大肆渲染報導，對其別有用心搞的所謂『打黑除惡』活動進行『文革大字報』式的宣傳鼓噪，還通過某外商斥巨資收購了某境外新聞網站，讓它們立即由『批薄』轉向『捧薄』，妄圖在輿論上先聲奪人，在政治上逐步取代習近平，成為新一代領導核心人物。

在這個大背景下，薄熙來擬求得鄧家子女的支持，並通過鄧家進一步籠絡北京特別是部隊中的眾多太子黨，團結在薄的周圍，爭取盡快搶班奪權。據重慶新聞界消息人士稱，這個 9 月 7 日的科協年會，只不過是一個掩人耳目的幌子，薄熙來藉機與鄧楠多次單獨密談，使與會的科協副主席韓啟德都感到奇怪。但他們所議具體內容目前還不被外人所知。

接近大會的消息人士說，9 月份是重慶市氣候並不太好的時候，中國科協跑到此處開會，把 70 多個中科院院士集中在這裡，是極不正常的現象，是『醉翁之意不在酒』，不知鄧楠是否會真心配合與支持薄熙來。」

薄熙來為了拉攏鄧家的人，可謂費盡心機。2011 年 10 月 4 日，重慶媒體報導，此前不久鄧小平的胞弟、重慶市原副市長鄧墾為市委書記薄熙來題字，希望重慶「自強不息」，「兩手都要硬」。「十一」期間，薄熙來回信給鄧墾。外界分析，鄧墾不可能主動寫信給薄，是薄精心策劃，搬出鄧小平親友題字以壯威風。

## 張宏與 863 高科技計畫

鄧楠是第一位謀得官職最高的鄧家子女。而鄧楠的丈夫張宏，是她北大的同學。當時張宏是北大武術隊的成員，每天早上張宏都要在北大五四廣場教鄧楠練劍。文革時，兩人確定戀愛關係後，一起分到陝西寶雞。

張宏為人較為低調，曾在中共科學院科技開發局擔任局長。1986年，幾個中國老科學家鑒於美國提出的星球大戰計畫，提出要追趕世界高新技術的建議，當時是張宏將這一建議上交鄧小平的，直接促成了「863 計畫」的出台。

不過，鄧楠出任中共國家科委副主任、科技部副部長後，張宏的去向就無法在媒體上查到。不過有消息稱，張宏後來也下海經商。他和鄧林的丈夫吳建常一起開辦公司，協力買下主要提供美國通用汽車的稀土廠商，因此兩人得以主宰稀土市場，現在很多美國的智慧炸彈、風力渦輪機和混合動力汽車所需的稀有礦物都來自中國供應商。

張宏不但對自己資訊的保密工作做得好，他們的女兒鄧卓芮的情況也很難在網路上查到。這個小孫女眠眠出生時，鄧小平正落難江西，孫女成了當時鄧小平的精神支柱。

鄧小平家族跟其他中共高官不同的是，一家人關係親密，一家人三代同堂生活在一個大院子裡，除了鄧小平和卓琳，鄧樸方、鄧質方、還有鄧楠、鄧榕全家，一家老少十幾個人都生活在一起，每天吃飯時，光家裡人就十多口，還不算經常到鄧家走動、拉關係的人，所以鄧家經常是賓客滿門。

鄧家的孫輩不分內外，都叫鄧小平為爺爺、卓琳為奶奶，而不是依循傳統叫外公、外婆。

鄧家人關係親密，可從鄧小平辦公室的擺設看出來。書櫃裡放著孩子們親手圖寫的賀卡；辦公桌上擺放著兩隻大豬（代表爺爺奶奶）、五隻小豬（代表五個兒女）、還有五隻生肖娃娃，鼠是眠眠（鄧卓芮）、虎是萌萌（鄧卓）、羊是羊羊（鄧卓玥）、牛是小弟（鄧卓棣）。

## 鄧小平孫女婿吳小輝或涉李春城案

外界雖然不知道鄧卓芮的具體情況，但 2012 年 12 月初，有據香港《亞洲周刊》報導，李春城一案牽連廣泛，不但事涉前中共政治局常委周永康，鄧小平的孫女婿吳小輝亦被捲入。

據知情人士透露，由於牽涉韓桂芝案，中共此前對李春城的處理是「不追究、不提拔」。但後來李春城仍然不斷升職，據信與他受到周永康特別關照有關。在李主政成都期間，曾利用成都投融資平台、開發項目等，廣泛進行利益輸送，為自己四處找靠山。

報導稱，2011 年成都農商銀行股權被安邦保險集團收購，而安邦集團的實際控制人就是鄧小平的外孫女婿吳小輝。安邦集團旗下涉及公司業務面比較廣泛，包括上汽、保險、房地產開發、石化等。

2011 年 12 月財經網在《高層大換血：安邦保險布局成都農商行》一文中提到：安邦保險在 9 月底斥資 50 億獲得成都農商行 35％的股權，成為其控股股東後，已於 12 月對成都農商行悄然實施一場高層人事大變動。安邦保險任命旗下子公司和諧健康險董事長李軍擔任成都農商行行長，另外，副行長、財務總監、董祕等一系列高層均作集體更換，由安邦保險派人擔任。並且，知情人士告訴記者，「此次人事變動也可能波及中層以及基層，現在成都農商行整體都處於一種不確定性當中，下一步如何發展由安邦保險操控。」

將高層變換為「自己人」意味著安邦保險已將成都農商行實際控制權收歸手裡，這也意味著安邦保險開拓西南市場的戰略布署完成了重要的一步，而安邦保險看好西南市場、收購成都農商行其中一個重要的動力就在於發展中小企業信用保險、小額貸款保險。

2013年6月29日，《中國經營報》在《金控再下一城 安邦曲線進軍金融租賃》一文中談到，「近日，銀監會正式批准成都農村商業銀行股份有限公司（以下簡稱成都農商行）與安邦人壽保險股份有限公司（以下簡稱安邦保險）聯合籌建金融租賃公司。這是銀監會監管下的第22家金融租賃公司，也是首家農商行聯合保險公司設立的金融租賃公司。

由於成都農商行控股股東為安邦保險，這是繼平安集團後第二家進軍金融租賃行業的險企，安邦保險的金控之路再下一城。有消息稱，其亦在洽購信託牌照。」

金融租賃公司（Financial leasing companies）是專門經營租賃業務的公司，是租賃設備的物主，通過提供租賃設備而定期向承租人收取租金。金融租賃公司開展業務的過程是：租賃公司根據企業的要求，籌措資金，提供以「融物」代替「融資」的設備租賃；在租期內，作為承租人的企業只有使用租賃物件的權利，沒有所有權，並要按租賃合同規定，定期向租賃公司交付租金。租期屆滿時，承租人向租賃公司交付少量的租賃物件的名義貸價（即象徵性的租賃物件殘值），雙方即可辦理租賃物件的產權轉移手續。

租賃物件即正式歸承租人所有，稱為「留購」；或者辦理續租手續，繼續租賃。由於租賃業具有投資大、周期長的特點，在負債方面我國允許金融租賃公司發行金融債券、向金融機構借款、外匯借款等，作為長期資金來源管道；在資金運用方面，限定主要從事金融租賃及

其相關業務。

　　這樣，金融租賃公司成為兼有融資、投資和促銷多種功能，以金融租賃業務為主的非銀行金融機構。金融租賃在發達國家已經成為設備投資中僅次於銀行信貸的第二大融資方式，從長遠來看，金融租賃公司在中國同樣有著廣闊前景。

　　安邦集團可能捲入李春城案，不過大陸媒體也有很多正面報導安邦的事。如 2013 年 4 月 27 日，《安邦保險集團公益基金捐款 1000 萬元支持地震災區》的新聞。

## 第五節

# 鄧榕、賀平與鄧卓玥、馮波

1995 年 2 月 15 日鄧榕於
紐約發表新書《我的父親
鄧小平》。（AFP）

## 李克強會美商 鄧榕出席被刪

2012 年 11 月 27 日，時任中共國務院副總理的李克強在中南海紫光閣會見來華參加中美商界領導合作計畫年度對話的美國著名企業和金融機構負責人，鄧小平的女兒鄧榕出席了會見，但該消息很快被刪。

在中共官媒央視的報導中可以看到，鄧榕參加了會見。在雙方見面後合影時，鄧榕站在李克強旁邊，在隨後的會談中，鄧榕也坐在旁邊作陪。但後來放到網上的央視報導視頻中，未提鄧榕的出席，據說央視最初的報導提到鄧榕，但文字報導很快被刪除。

鄧榕是鄧小平的三女兒，是鄧小平最親近的女兒，暱稱毛毛。她曾任中共駐美國大使館三等祕書、中共人大政策研究室副主任，現任中共國際友好聯絡會副會長。在鄧小平 1992 年南巡的時候，鄧榕跟隨在身旁。晚年的鄧小平聽力不好，鄧榕幾乎充當了他的「助聽器」，

許多資訊和鄧小平做出的決定都是通過鄧榕傳達，鄧榕因此「身價倍增」。

鄧榕最出名的是她寫了一套書《我的父親鄧小平》，美國新聞集團的默多克為了進入中國市場，專門在國際上出版了這套書，令鄧榕名聲大振。書中談到不少歷史祕聞，比如在《文革歲月》一書中，毛澤東送給江青五個糯玉米，慣於投機的康生從中看出了端倪，於是康生跑到周恩來那去揭發江青、張春橋是叛徒。不過，毛澤東早就知道這兩人是叛徒，但毛不讓提這事，目的為了利用江青打倒異己發動「文革」。鄧榕曾對此評論說：在「文革」中，沒有什麼衡量是非對錯的統一準則，「政治的需要，就是標準。」

文革期間，北京師範大學附屬女子中學女副校長卞仲耘活活被女紅衛兵學生暴力打死，成為北京文革首位罹難者。師大女附中紅衛兵的負責人之一是鄧小平的三女兒鄧榕，當時她身穿軍裝，腰繫皮帶，臂纏袖章。卞仲耘死後她要求醫院做屍體解剖，要醫生證明卞仲耘不是被打死的，最終死亡證明書上寫的是卞仲耘「死因不明」。

卞仲耘的丈夫王晶垚在接受澳洲 SBS 電視台紀錄片訪問時明確表示，鄧榕是參與行凶人之一。農工民主黨前主席章伯鈞死於文革，他的女兒章詒和在《伶人往事》一書中，隱晦地暗示當日裡當場用腳狠踢其母校校長卞仲耘頭部的女學生，涉及到鄧家「三公主」。據說這也是《伶人往事》在大陸被禁的原因之一。

## 鄧家子女不出席江澤民題名儀式

2004 年 8 月 22 日是鄧小平的一百歲冥誕日，官方舉行了一系列紀念活動。8 月 13 日，鄧小平銅像揭幕儀式在鄧的家鄉四川省廣安市廣

安區協興鎮牌坊村舉行。揭幕儀式由鄧小平生前隔代指定的接班人胡錦濤主持，儘管當時留任中共中央軍委主席的江澤民特別為銅像題名了「鄧小平銅像」五個大字，中國新年曾在深圳大跳民族舞表現自己龍精虎猛的江澤民並沒有出席儀式，最令人驚異的是，鄧家女兒、孫女一個也沒有出席。

8月16日新華社在北京景山後街米糧庫胡同鄧小平生前庭院訪問了鄧小平子女鄧林、鄧樸方、鄧榕姊弟妹三人，記者一直沒有見到卓琳，鄧家子女說，正在臥室裡休息的母親身體尚好，只是年紀大了，行動要格外小心，他們還說，卓琳「現在是全家人重點保護的對象」。

鄧家兄妹還一口氣講了好幾個故事，大意都是鄧小平退休後如何遠離政治。據說退休後鄧小平很少出門，最多就是去釣魚台，還有就是中南海，再遠的地方他就不願意去了。

形成對比的是，江澤民不僅喜於到處招搖，所到之地還排場不小。2004年中國新年江澤民到廣東和深圳「考察」，鐵道部部長劉志軍不顧億萬人連夜候車，硬是在中國新年高峰期間為江安排了專列，其保安的陣容規格也是不同凡響。

另外，針對江澤民外訪時頗多尷尬場面，例如在冰島總統為他舉行的晚宴期間，江澤民突然站起來高歌一曲，鄧樸方對新華社記者說：「我出國訪問見過很多大使，他們都跟我說特別願意陪老爺子（鄧小平）見外賓。因為老人家講出話來，不用整理就是一篇文章。另外呢他講話頭腦特別清晰，有邏輯，有條理，所以在場的翻譯都願意陪他見外賓。」兩相對比，用意非常明顯。

最直白的是央視在2004年7月28日一個專訪鄧小平家人的節目中，重播了鄧小平1989年辭去中共中央軍委主席的信件和講話，稱頌他為推動幹部年輕化作出表率，而鄧小平長女鄧林亦在節目中意有所指地表

示，鄧小平退休後，完全不看文件，目的是要全心全意做平民，也不干涉年輕一代施政。這番話把矛頭指向江澤民不肯交權給胡錦濤是再清楚不過了。

當然，鄧林說的不全是實話。比如鄧小平是 1989 年 11 月的 13 屆五中全會退休的。但是 1992 年中國新年的南巡講話，把矛頭對著江澤民，聲稱「誰反對改革誰就要下台」。當時把江澤民嚇得屁滾尿流，趕緊向鄧小平認錯，江才保住了官位。

中國沒有言論自由，大凡什麼紀念活動日，都是各派政治勢力利用機會，以「死人壓活人」，對鄧小平各取所需來打擊自己的政敵。鄧家子女為何不出現銅像揭幕儀式、為何要重點保護卓琳呢？原來鄧家和江家「有仇」。

鄧南巡後，江澤民為保住官位，和例曾慶紅施展離間計，逼迫楊尚昆、楊白冰下台。鄧小平在 1994 年病重不能干政後，江澤民開始對鄧家進行有步驟的報復行動。先向鄧小平「愛企」首鋼的太子黨周北方開刀，再揪與他合作的鄧小平么子、從事上海房地產業的鄧質方，卓琳不得不以尋死的方式，才救回鄧質方一條命，從那以後連喜歡到處放話並且做地產生意的鄧榕（毛毛）也被警告，鄧小平的家將們更被江澤民收買了，於是江家躍升第一家族，江澤民的兒子江綿恆在上海灘取代了鄧質方的地位當了「大王」。

1997 年 2 月鄧小平死後，鄧林夫婿吳建常在有色金屬公司及其屬下公司的一系列董事長、主席等職務也被江澤民拔下。除了這個政治手段外，1993 年夏天開始的宏觀調控，也在經濟上打擊鄧家，國家銀行成了江綿恆的自動提款機了。

## 丈夫賀平與保利集團

　　鄧榕的丈夫賀平，是中共前總後勤部副部長賀彪之子。鄧榕曾在回憶文章《我的感情流水帳》中寫道：當年鄧小平被下放江西時，賀平來鄧家住了兩天，忙前忙後地搶著幹力氣活。臨走前，他把一條當時不容易買到的雲煙一分為二掰開，給鄧小平留了一半，另一半帶給父親。送走賀平後，鄧小平一臉高興，一拍大腿，用濃重的四川口音說：「看樣子，這門親事，就這樣定下來了！」

　　鄧小平上台後，賀平曾任中共駐美大使武官助理，於是他帶著鄧榕在美國住了幾年，後來回國擔任中共解放軍總參裝備部副部長。中國保利集團公司副董事長、總經理。

　　賀平有少將軍銜，原為共軍總參謀部之下的裝備部部長，兼保利集團總經理。後因爭取總參副部長失敗，辭去軍職，下海全職經商。

　　保利技術公司屬於中國國際信託投資公司，但實際上隸屬總參謀部。保利集團與解放軍關係密切，中共自海外引進高科技技術及進出口軍火產品，經常是透過保利集團為之。西方學者的專論中也曾揭露，保利集團曾間接對美國的政治人物進行政治捐輸。

　　2000年4月，佳士得拍賣流落在海外的清代圓明園猴頭及牛頭文物，據說，賀平當時曾在內部下令要「不惜代價」標回文物，最後這項拍賣由保利集團出資740及700萬港幣分別得標。海外文物界對這項買賣普遍評值為「不值」，但大手筆搶救中國文物，也讓保利在大陸轟動一時。

　　中國保利集團公司，前身是保利科技公司，1993年2月經中共國務院批准，註冊資本金15億元人民幣，是共軍對外軍火貿易主要單位。1999年3月，因應中共的企業和軍隊脫鉤政策，保利改隸中共中央大

型企業工委主導，並由原來的進出口貿易，轉而多元化投資房地產、旅遊、高科技開發、文化產業等領域。

該集團在房地產投資方面，先後投資過北京麗京花園別墅、上海證券大廈、廣州中天廣場、哈爾濱保利科技大廈、廣州紅棉花園等；旅遊方面，先後投資北京保利大廈、保利國際旅行社、四川九寨溝新九寨賓館、四川黃龍華龍山莊、武漢白玫瑰大酒店、上海海洋水族館等；在高科技領域，先後投資保利星數據光盤公司、中國東方通信衛星公司、保利通信公司、保利電子公司等企業。

在文化產業方面，則有保利文化公司、保利藝術博物館、保利劇院等企業。除了大陸，保利集團在香港有嶸高全資子公司，新海康、保興兩家上市公司，並在俄羅斯、緬甸等地設有辦事處。不過，該集團在美國的分公司，1996年間被美國政府指控出售AK-47型步槍給美國黑道，曾被勒令關閉。

保利集團董事長是中共前元老王震之子王軍，常務副董事長是前國務院副祕書長李昌安，賀平是副董事長兼總經理。1999年底，該集團總資產118億5300萬元人民幣。這在當時是大筆財富。

## 鄧卓玥：鄧家最漂亮的人

鄧卓玥，小名羊羊，1978年出生。是鄧榕和賀平的獨生女，鄧小平第一個外孫女，據說是鄧家最漂亮的人。

16歲時，鄧卓玥就去美國讀高中。據說她出國前，鄧小平對她說，出去以後「不要害怕，不要哭。」當年鄧小平去法國留學時，也是16歲。

鄧卓玥在美國讀了七年書，畢業於韋爾斯利學院（Wellesley College）心理學專業。2003年畢業歸國，創辦北京卓雅清和公關顧問

有限公司。據知她曾在香港住了一年，並表示很喜歡這個動感之都。

2006 年 4 月，英國時裝設計師 Paul Smith 現身北京，主持他在大陸舉辦的第一個時裝秀，鄧卓玥罕有捧場。那天她穿上低調時尚的黑色上衣配牛仔褲亮相。記者上前與她傾談，鄧卓玥不停說：「對不起，我很害羞，不想接受訪問！」

2003 年在鄧樸方的幫助下，鄧卓玥創辦了「集善嘉年華」慈善機構。2010 年 2 月，在北京工人體育館操舉報的「幫助貧困聾兒走出無聲世界」大型慈善公益演出，當場籌得善款兩億元。晚會上，宋祖英也到場演出。

2012 年 11 月，鄧卓玥在北京幫助組織了一個慈善宴會。高官顯貴們坐著白色的寶馬轎車參加，車門上印著「寶馬貴賓服務」。宴會廳外大堂出售著標價 1 萬 6000 美元的瑞士宇舶腕錶。巴菲特的兒子彼得和前英國總理布萊爾參加了宴會。

這些慈善活動的善款是否存在使用問題，目前外界還不得而知。不過鄧卓玥總是對媒體表示，做慈善，「幫助了別人，自己也很快樂」。

鄧卓玥的丈夫是馮波，聯創策源風險投資基金的創始合夥人，為新浪、亞信融資奠定行業地位。馮波的父親是中共國務院參事和中國民盟中央副主席，哥哥是著名投資家馮濤。

馮波 1969 年出生於上海，18 歲移居美國，曾就讀於美國舊金山州立大學電影導演專業。1994 年加盟美國高科技投資銀行羅伯森・斯帝文思公司，任中國部主任，期間曾幫助四通利方公司（新浪的前身）以及亞信公司成功融資。1997 年 12 月份加入中國創業投資有限公司，任首席代表並被《福布斯》評為「1997 年高科技領域最活躍的 100 人」之一，後來創辦成為創業任執行董事。2004 年 3 月，馮波與美國人 Chris Wadsworth 成立「聯創策源」，一年後的 2005 年 5 月，趙維國加

入成為合夥人之一。

馮波比鄧卓玥大九歲，目前，這兩位紅三代已有了一個兒子，鄧家紅四代出現了。

## 馮波：下一個大贏家？

2011年9月，《創業幫》雜誌發表了封面故事《揭祕聯創策源：下一個大贏家》，報導了馮波的創業故事。文章開篇就描述了馮波做風險投資的大豐收：「馮波和聯創策源（下稱策源）正在開始擁抱屬自己的『秋天』。經過六年多的沉寂，他們準備好了『秋後算帳』：僅僅今年上半年，策源收穫了三個項目：奇虎360、世紀佳緣和網秦。」

「這並不是故事的高潮。如果說上述幾個投資項目只是IPO前的臨門一腳，那麼，真正體現功力的早期項目，比如凡客誠品、蘭亭集勢、豆瓣……儼然已成為策源的下一波明星企業。從電子商務到視頻，再到移動互聯網，用一位投資人士的話說，幾波熱點，策源都已布好局。而且是在幾年前，大多在天使階段就已『下注』。」

文章雖然沒有說馮波賺了多少，但從標題來看，「大贏家」，至少是賺得盆滿缽滿。至於鄧卓玥為何要做慈善，有人猜測說是為了幫馮波變相短期集資。因為從慈善募捐來的錢，到具體實施某個救助項目，比如修建一所學校等，這裡面有個資金流動時間差。假如那個學校是三年後修建的，那三年內這筆錢就可用於其他事情，幾經周轉，只要最後那個學校建成就行了。何況目前大陸對慈善業的監控非常差，幾乎無人監管，郭美美炫富曝光的紅十字會的貪腐黑幕，就讓人有足夠理由要求調查各類慈善基金的管理運作方式。

馮波18歲留學美國，最早學的是導演專業。他每逢哲學課必然遲

到。有一次老師怒了，問他怎麼總是遲到。他狡猾地向老師抱怨，「薩特的小說《噁心》裡面的那個小夥子，每天早晨面對響鈴的鬧鐘都思考，為什麼我要回答這個鬧鐘？如果不起來，我的生活會是什麼樣？都是因為老師你介紹了這種稀奇古怪的想法，讓我有這種反抗和矛盾，所以我每天都起不來。」老師大喜，「你把哲學用到了極致，這門課給你個 A ！」

1994 年，馮波被矽谷著名投資銀行 Robertson Stephens 派回中國。當時中國創投行業還是一張白紙。什麼叫創業風險投資呢？VC（Venture Capital），風險投資也叫「創業投資」，簡稱風投或創投，一般指對高新技術產業的投資。當你看好一個新興小科技企業、如當年的新浪網，你給他投錢，幫他公司發展，並幫他把公司上市到國內或海外的股票市場，再把股票賣掉套現，從而賺回比投資高很多的利潤。

一般風投具有三個特點：一、高風險性。風險投資的對象主要是剛剛起步或還沒有起步的中小型高新技術企業，企業規模小，沒有固定資產或資金作為抵押或擔保。由於投資目標常常是「種子」技術或是一種構想創意，而它們處於起步設計階段，尚未經過市場檢驗，能否轉化為現實生產力，有許多不確定因素。因此，高風險性是風險投資的本質特徵。

二、高收益性。風險投資是一種前瞻性投資戰略，預期企業的高成長、高增值是其投資的內在動因。一旦投資成功，將會帶來十倍甚至百倍的投資回報。高風險、高收益在風險投資過程中充分體現出來。

三、低流動性。風險資本在高新技術企業創立初期就投入，當企業發展成熟後，才可以通過資本市場將股權變現，獲取回報，繼而進行新一輪的投資運作。因此投資期較長，通常為四至八年。另外，在風險資本最後退出時，若出口不暢，撤資將十分困難，導致風險投資

流動性降低。

　　風險投資有五個階段：種子期、初創期、成長期、擴張期、成熟期，期間無不涉及到較高的風險，具體表現有項目的篩選、盡職調查、後期監控、知識產權、選擇技術、公共政策、資訊高度不對稱、道德品質、管理團隊、商業夥伴、財務監管、環境、稅收、政治、溝通平台等。

　　在西方國家，據不完全統計，風險投資家每投資 10 個項目，只有三個是成功的，而七個是失敗的。正是因為這樣，在風險投資界才會奉行「不要將雞蛋放在一個籃子裡」的分散組合投資原則。「在高風險中尋找高收益」，不過，馮波的風投好像成功率大大高於這個比例，畢竟他們在股票上市方面享有特權。特別是很多大陸公司為了集資圈錢，不惜編造各種虛假業績，2012 年美國華爾街股市就清理了一大批借殼上市的大陸企業，只要當時欺騙成功，能夠上市，中國的風投危險性就降低了很多。

　　馮波最先是為 Robertson Stephens 打工的方式回到大陸，開始做風險投資，最早投資的是新浪和亞信。為了創業者保持良好的溝通，馮波說：「當時我們差不多每天花半天的時間在新浪，半天在亞信，晚上打地鋪，溝通內容沒有界限。」直到這兩家企業上市。

　　當時四通利方（新浪前身）還是個資不抵債的企業，1996 年冬，美國公司放棄了這個項目，於是馮波找到當時在艾芬豪風險基金的哥哥馮濤。

　　「中國做軟件開發最牛的人都在這裡了，你投了他們，基本上中國 IT 的半壁江山就在我們手裡了。」弟弟這樣勸說哥哥。1997 年，在 Robertson Stephens 的牽頭下，艾芬豪與華登給四通利方投資 600 萬美元，代表艾芬豪擔任四通利方第一個外部董事的就是馮濤。

　　1999 年馮波在上海創業，但他和團隊並不太能適應上海。「上海

的創業者強調銷售和管理能力，並不是以產品理念為導向。」2003 年回到北京，此後馮波便淡出圈子一段時間，去過幾次西藏，靜下心來思考。2004 年他在北京秦老胡同 35 號創辦了策源，小時候的朋友趙維國在 2005 年 5 月加入，畢業於對外經濟貿易大學和加拿大溫莎大學的審計分析師元野隨後於 8 月加入合夥，從而開始了他們自己的早期高新技術產業投資。

當豆瓣網還是創始人楊勃一個人維護的時候，一點商業元素都沒有，他想找 100 萬美金。看過的投資人都說「挺好，挺好」，可就是誰都不投資，個個都在觀望。不過馮波的策源投了，不是 100 萬，而是 200 萬美金。

策源第一期基金只有 1 億 2000 萬美元，幾乎三分之一都投給了凡客，剩下的錢進入到豆瓣、好大夫、3G 泡泡、酷訊、網秦、啟明星辰等企業。2007 年第二期基金的規模達到兩億美金，策源開始發力。幾個合夥人在一起商量，認為接下來電子商務會是一個比較快的發展時機，於是蘭亭集勢、鑽石小鳥、樂淘等電商細分領域的企業都被他們逮了個正著，據說有些公司已經在籌備上市進程中。

策源投資主要認定未來十年會改變中國人生活方式和社會結構的產品，馮波說，「首先肯定是互聯網，那麼多資訊、那麼多人，這是基礎工具；其次是無線，再次是新能源。這都和我們的生活息息相關。」而這些，正是中共太子黨、太孫黨的特權範圍中的事。

馮波還對創業幫說，「對很多人來說，創業就是人生經歷，真正能贏的就那幾個公司，這就像跑馬拉松一樣，最後只有三個人是能拿獎牌的，其他的人都是去鍛鍊的。」而他自己，「以前創業是為了致富，現在是實在沒事兒幹了出來做一件事情，我反對砸鍋賣鐵創業，所以要吸收天使投資人的錢。砸鍋賣鐵，好玩兒嗎？」

　　剛從美國回來不久，馮波路過長安街的一個地下通道，一位留著長髮的年輕人正在唱歌，按照慣例，這位歌者的面前擺放著一個的袋子。馮波走過去，往那只盛滿零錢的袋子裡放入 2000 塊錢。歌者當場就傻眼，那是個萬元戶得上報紙的年代。有人問他為什麼。馮波答：「我要讓這一代的年輕人知道，生命中是有奇蹟的。」

　　不過，中共太孫黨們的創業奇蹟，多少是由於特權帶來的、多少是真才實學換來的，這個誰也說不清。

第六節

# 鄧質方、劉小元與鄧卓棣

## 鄧質方快速積攢 150 億美金

　　上世紀八、九十年代，號稱「中國第一家族」鄧氏家族，無論大小太子或公主、駙馬，無不響應鄧小平「先讓一部分人富起來」的口號，成為中共最富裕的家族。他們穿梭於中、港，表現出權力和金錢的結合。

　　在第一章裡我們已經介紹了鄧質方的部分情況。在鄧家子女中，鄧質方一度是最低調、然後最高調、最後又被迫最低調的人。上世紀 80 年代他和妻子劉小元去美國留學，獲物理學博士之後回國，他看到哥哥姐姐和姐夫們掙大錢，於是也放棄專業，從商賺錢。

　　鄧質方先進入中國國際信託公司直屬的中信興業公司，任副總工程師。1993 年正式加入「四方集團」，1993 年 5 月，鄧質方連同首鋼、長實、加怡，共同收購香港上市公司「開達投資」，他創辦的「首長四方」集團一度聲名大漲。

鄧小平 1992 年南巡後，鄧質方一口氣接管上海市四方房地產公司和大連立港房地產公司，還將勢力範圍擴充到還在英國管轄下的香港。他與北京首都鋼鐵公司董事長周冠五之子周北方，香港巨富李嘉誠以 5 億 8000 萬港元收購了香港玩具大王丁氏兄弟的開達集團。鄧二公子也搖身一變成了香港上市公司首長四方集團的最大股東兼董事長。

「首長四方」取名來自與首都鋼鐵公司的「首」字，還有香港長江實業集團的「長」字，四方取義姓名中帶有方字的四個人，包括鄧質方、鄧樸方、周北方。用鄧質方的話說，他們這幾人關係非常好，「一筆寫不出第二個方字」，言外之意，他和周北方是鐵哥們。

四方公司現不僅在上海有龐大的實業，如由 63 棟大樓組成的西郊花園，還在上海、北京、天津、廣州、深圳、珠海、大連等近 10 個大中城市販賣土地使用權。據稱鄧質方當年積累了 150 億美元的財富，占中國外匯近四分之一！

## 被江澤民抓住辮子

1995 年，江澤民為了獨攬大權，在曾慶紅的幫助下，設計打倒了鄧小平的愛將陳希同。陳希同的案子又帶出首鋼周冠五和周北方腐敗大案。官方稱，周北方動用首鋼 5000 萬美金在法國為自己做生意虧損。不過據傳是周北方用這筆錢，給鄧質方澳門賭博輸了支付的賭金。

據說那天鄧質方到澳門葡京賭場過一把賭癮，不過運氣不佳，連連輸賠，最後一夜間輸掉 1 億 9000 萬人民幣！賭場老闆何鴻燊知道鄧質方不會欠錢不給，於是連續三天宴請鄧質方，直到最後周北方把錢匯入法國，轉往澳門的戶頭後，鄧質方才得以脫身回到北京。

江澤民、曾慶紅本來想藉這筆賭金把鄧質方抓起來，當時已經雙規

了鄧質方。那時鄧小平還活著，但身體大不如前，關鍵是鄧小平在軍隊中的兩名得力幹將楊尚昆和楊白冰，被曾慶紅用離間計給廢除了，這等於斷了鄧小平的左膀右臂，於是鄧家只好讓卓琳出面，在江澤民面前大哭大鬧了一場，說若要給鄧質方判刑，我這把老骨頭就不要了，今天我就死在你江澤民面前。

於是江澤民和鄧家做了一筆交易：江放過鄧質方，讓周北方替鄧質方替罪，但鄧家人從此退出江湖，把他在上海、北京等地的地盤讓給江綿恆，從此，中共第一家族，不再姓鄧，而改姓了江。

當時江澤民和鄧小平子女們私下定的不成文決議：鄧家從政界和經濟界退出，江再不追究。這些已被客觀事實證明——鄧家軍方的職務、鄧家在冶金總公司的職務、鄧質方在公司裡的職務，全部退出來了。交換條件是，只動周北方，不動鄧質方。當時江澤民給陳希同的罪名是，收受禮品折合 50 萬元人民幣，而且沒有一分現金，但這跟江澤民家族的腐敗根本無法相比。

## 周北方的官方罪名

搞好幕後交易後，官方給周北方的罪名如下：「被告人周北方，男，43 歲，原係北京首鋼總公司助理總經理兼任中國首鋼國際貿易工程公司副董事長、總經理。1996 年 10 月 25 日北京市第一中級法院審理認為，被告人周北方身為具有國家工作人員身分的國有公司主管人員，利用職務上的便利，為他人謀取利益，先後四次收受他人賄賂港幣 928 萬元，為親屬赴香港定居而向有關人員行賄港幣 120 萬元，其行為已分別構成受賄罪、行賄罪，且犯罪情節特別嚴重，依法應予嚴懲。但鑑於其在因行賄被檢察機關立案偵查期間能主動坦白全部受賄犯罪事實，並積極退

還贓款且有悔罪表現，可酌情予以從輕處罰：

　　一、被告人周北方犯受賄罪，判處死刑，緩期兩年執行，剝奪政治權利終生；犯行賄罪，判處有期徒刑 13 年。剝奪政治權利三年；決定執行死刑，緩期兩年執行，剝奪政治權利終生，沒收個全部財產。二、扣押在案的港幣 644.3 萬元，人民幣 12.1 萬元予以沒收。

　　一審宣判後，周北方不服，提出上訴。上訴理由「沒有利用職務便利為他人謀取利益，雖收受請託以生活資助費、中介費名義給予港幣 928 萬元屬實，但自己實際分文未得；送給他人錢款係對方索要，並非主動行賄。原判量刑過重，請求二審法院從輕處罰。」不過二審維持了原判。

　　由於周北方替鄧質方頂罪，鄧家也就託人照顧周北方，想方設法把周北方轉到武漢監獄服刑，因為鄧樸方的鐵哥們俞正聲當時在湖北當省委書記。於是周北方在武漢，名義上服刑，實際上逍遙法外，還幫鄧質方管理開發武漢東西湖區的土地項目。鄧質方還將武漢東西湖區已開發土地中的一萬畝劃給了周北方 3000 畝，做為彌補。

　　鄧質方隨後就消失在人們視線外，1997 年，鄧小平喪禮上他一度現身，近年偶有露臉。有消息說，他長期居住在美國。其子鄧卓棣也是在美國出生、讀書，2012 年 12 月以實歲 26 歲零兩個月當上廣西平果縣副縣長，成為中共最年輕的副縣長之一。平果縣位於美麗的右江河畔，屬百色市東大門，而百色與鄧家淵源頗深，鄧小平曾在 1929 年領導百色武裝起義。

中共太孫黨

# 第四章

# 葉劍英家族

1977 年 8 月 19 日葉劍英（左二）與（左起）華國鋒、鄧小平、李先念、汪東興在中共 11 大主席臺上。
中共 11 大宣告「文化大革命」結束。（AFP）

## 第一節

# 世襲路上 葉家超越鄧家

已故中共元老葉劍英（前排左）
的曾孫葉仲豪為中共正處（縣）
級官員，領先鄧小平（後排左）
孫子半級。（AFP）

## 葉家子女關係網

關於中共十大元帥之首的葉劍英家族，其紅二代人丁興旺，故事很
多。在《新紀元》出版的新書《習近平的太子黨盟軍》中，我們已經詳
細介紹了葉家的第二代。

比如長子葉選平如何長期擔任廣東省長，把廣東變成葉家的天下，
葉劍英家族與習近平家族具有特別深厚的淵源，為什麼習仲勛一到廣
東，就對逃港事件進行大變革處理呢？為何葉劍英幾次到廣東為習仲勛
壓陣呢？

從廣東逃到香港的數十萬難民中，誰也沒想到，竟然還有葉劍英的
親身女兒：葉向真，這個一度被人稱為「魔女」的女將，她的故事比她
拍的電影《原野》更富有激情和傳奇性，大陸官方一度禁止《原野》上
演，說劉曉慶在裡面有裸體戲，影片宣揚色情和亂倫，不過幾十年後又

解禁了。然而此時的葉向真卻已經轉向國學，成了修佛之人了。

葉家最傳奇的是「獨臂將軍」葉選寧（化名岳楓），他被譽為「太子黨的精神領袖」，他苦心經營，為習近平準備了3000伏兵，為習近平的上台坐穩接班之位立下汗馬功勞。不過無論葉選寧再精明能幹，他也無法幫助自己的親身母親、曾國藩的後人：曾憲植，能有一個幸福的生活。人們稱鳳凰衛視背景特殊，殊不知其背後老闆的確是莫測高深。

子葉選廉，中共全國政協委員，凱利公司董事長兼總裁，中共解放軍總參保利公司負責人之一。葉劍英第六任妻子李剛所生。

女葉楚梅，機械工業部機床局原副局長。夫鄒家華，國務院副總理。

女葉向真，中共全國政協委員，中華孔子學會副會長，北京電影製片廠原導演。夫為錢壯飛之外孫羅丹。葉劍英第五任妻子吳博所生。

女葉文珊，葉劍英與第六任妻子李剛的女兒，海南華僑投資有限公司副董事長，曾任香港亞太奔德有限公司董事長，夫為余秋里之子余方方。

養女戴晴（1941年1月8日～）原名傅小慶、傅凝，生於四川重慶，是中國的一名作家和持不同政見者。

葉劍英第二任妻子馮華生子葉選平（曾任全國政協副主席、廣東省省長）、女葉楚梅（丈夫鄒家華，國務院副總理，作家鄒韜奮之子）。葉選平之妻，吳小蘭，原深圳副市長，市人大常委會副主任，中國共產黨元老吳玉章的外孫女。

侄子葉選基（1940年～），葉劍英弟弟葉道英之子，妻子呂彤岩是呂正操上將之女，中信香港集團總經理，正天科技集團控股公司董事長。

孫輩者有：孫子葉新福，葉選平之子，1992年在香港創立萬信證券；孫子葉弘，葉選寧之子，葉靜子之兄長；孫女葉靜子（1975～），葉

選寧之女，妻子錢獷戈所生。丈夫是王京陽，係王震的長孫；孫女葉明子（1979～），葉選廉之女，妻子蘇丹丹所生。2009年9月9日，葉明子北京太廟成婚，引起關注。丈夫 Jonathan Mork，一位中年猶太人，美國銀行家；孫子葉德中（1993～），葉選廉唯一的兒子，趙欣瑜所生。

2013年5月當選為省團委第13屆委員會委員和團中央17大代表的雲浮市團委書記葉仲豪，已是「紅四代」：葉仲豪是葉劍英之曾孫、前廣東省長葉選平之孫。

下面我們再介紹下葉家第二代和第三代的主要人物。

# 第二節

# 葉選廉的風流與葉明子的婚禮

2013 年 4 月 25 日，葉明子夫婦在北京
出席 Dior Homme 品牌 2103 秋冬男裝
時裝秀。（新紀元資料室）

## 葉三公子的生財之道

葉選廉 1952 年出生在北京，葉劍英的第三個兒子。北京八一學校
高中畢業後，參軍入伍，成為飛行員。

1992 年創辦深圳國葉實業有限公司，任這個國有企業的董事長。
最初業務主要是進出口電腦配件、機械設備、工藝美術品等，後轉型拓
展金融投資、興辦實業，是上市公司世紀星源的股東。2007 年針對高
科技綠色能源產業，成立了香港獨資的深圳市國葉世成科技發展有限公
司，任法人代表。2008 年在山西註冊國基控股有限公司，不過這次法

人是張存法，但實際操控人還是葉選廉。國基主要投資涉及建築、房地產、醫療衛生、化工、諮詢服務等產業。

然而，真正為葉選廉帶來巨額財富的卻是他在軍中的職位：他是中共解放軍總參的中國保利集團下屬凱利公司的董事長兼總裁。

2012年8月，大陸論壇上出現一個帖子《保利、凱利、新興三大公司的前世今生》，後來被刪除。裡面介紹說，1980年代，鄧小平裁軍100萬，讓「軍隊要忍耐」鄧小平在討論軍費時說：「你們不是推薦我做軍委主席嗎？我的第一道命令，就是軍隊消減軍費！國民經濟不上去，軍隊建設也不行。軍隊的同志要忍耐，要服從大局，你們如果沒意見就散會。」那以後，中共國防費用多年保持在300億人民幣左右。

等江澤民上台後，為籠絡軍頭們，允許軍隊經商，所謂「以商養軍」。於是中共軍隊迅速形成一股經商熱，各類公司層出不窮，各種資源全部派上用場，甚至連隊這一級沒有什麼資源的，就派軍人去酒店夜店做保安，搞得部隊烏煙瘴氣，很多高層心存不滿。

當時的中共國防部長張愛萍在解放軍一次高層會議上曾說：「軍隊經商是飲鴆止渴。再這樣下去，如發生戰爭殺誰的頭？首先該殺我們的。殺了我們的頭還要落個罵名、臭名、惡名！連屍首都要遺臭萬年！穿著軍裝倒買倒賣，是軍隊的恥辱，國家的恥辱。提倡軍隊經商，無異於自毀長城。」不過當時江澤民在全中國推行的都是「悶聲發大財」，由於利益誘惑，中共軍隊都浸泡在商海中了。

在這輪經商大潮中最知名的三大公司就是當時三總部辦的三大公司：總參裝備部的保利公司、總政聯絡部辦的凱利公司、總後軍需部（還有當時的生產部）的新興公司。

總參裝備部的保利公司是當時的裝備部部長賀鵬飛（賀龍之子）一手創建的。國家計畫專項，主要做軍品貿易的軍火公司，副部長賀平（鄧

小平女婿、鄧榕丈夫），裝備部下面一個最重要的局是計畫財務局，局長是 90 年以前的總書記的女婿、副局長是軍委副主席劉華清之子。

為了賀平取代賀鵬飛的位置，中共高層決定提升賀鵬飛為北京軍區副司令員，賀鵬飛不樂意去，後由提升海軍副司令員，他也不滿意，賀鵬飛想要的副總長分管裝備，但賀平不同意，於是鄧小平的女婿賀平就找賀鵬飛談話（副職找正職談話）：「去吧！海軍不錯，仍然管裝備，過了這個村，就沒那個店了！」賀鵬飛看大勢已去，就去海軍上任了，上任不久心臟病突發在軍區總醫院逝世。賀平則坐上部長寶座兼任保利董事長。

中共軍方當時第二大企業凱利公司，是總政治部聯絡部部長岳楓（葉帥二子葉選寧）一手創建。國家計畫專項，主要做軍品貿易。業務遍布世界各地。名義做軍事外交、援外，實際就是軍火買賣。葉選廉開始是就任凱利香港分公司總經理，葉選寧退休後，葉選廉接任凱利總經理。

新興公司是由總後軍需部，當時的生產部聯合組建的。整合了總後下屬的若干軍企。業務包括軍品貿易、大型基建。具有眾多實體的大型集團公司。

三大公司背景深厚，即合作又競爭。明爭暗鬥，有時為了公司利益不惜出賣國家、軍隊的利益。有這樣一件事很能說明競爭之慘烈。90年初期新興和兵器工業總公司合作與東南亞某國做一樁軍火買賣，價格談判很順利，就等上級批准後和對方簽合同，履行買賣就完事了。誰知保利知道後捷足先登，用低於新興的談判價格和對方簽了合同。新興和兵器總公司知道後氣得大罵，隨即給國務院寫了一封告狀信，告狀信呈送到當時主管工業的副總理吳邦國的辦公桌上，吳看後大拍桌子罵道：「賣國賊，嚴辦！」

吳邦國拿起筆準備在來件上作批示，這時祕書上來說：「首長您剛到北京工作，軍隊公司背景太深，您不宜明示。還是請楊（尚昆）、江（澤民）做最後定奪的好。」吳邦國最後只寫上兩個字：已閱！然後批件到了楊的案頭，這個老江湖看後寫道：閱！請江最後決定！江看到批件後很是生氣，罵道：「都不想得罪人，可我不能再推了，畢竟是一把手啊？」苦思冥想後提筆寫道：

「對雙方進行嚴肅批評，以後如再出現這樣的問題嚴懲不貸！這批生意就讓保利做了吧！」新興和兵器總公司看到批件後，氣得甭提了，腸子都清了。

目前保利已經劃歸中共國務院國資委管理，業務涉及軍火、地產酒店、文化演藝、藝術品收集和拍賣等。凱利歸並保利，屬下一個分公司，但仍是獨立法人、自主經營。新興也已經劃歸國資委管理的中央企業，主要從事軍隊的大型基建工程建設兼做軍火生意。

網路上有消息說，賀平的父親賀彪是賀龍的侄兒，其實這是誤傳。賀彪原名賀永年，出生在湖北江陵，而賀龍出生在湖南省桑植縣洪家關。

賀彪最早是當通訊員，1930 年到賀龍手下的衛生部門工作。賀彪曾拜武當山道長徐本善為師，後又精心自學，掌握了不少醫術和祕方。中共長途北竄時，賀龍因誤服有毒之物，幾乎奄奄一息，是賀彪用土辦法治好的；賀龍的妻子以及現已成為中共將軍的賀龍的女兒賀捷生，也是賀彪搶救回來的；賀彪還給夏曦、關向應、任弼時治過病；在延安時期為陳雲的妻子接生；中共篡權後為王震治療手術主過陣。賀彪還在戰場上為賀炳炎截過肢，為楊秀山療過傷，還為王尚榮、甘泗淇、廖漢生、頓星雲、傅傳作等在險惡條件下治過病。被稱為「紅軍華佗」和「紅色神醫」。1949 年後，賀彪擔任了中共國家衛生部副部長，解放軍總後

勤部副部長兼衛生部部長、解放軍醫學科技委員會主任委員。賀彪的妻子、賀平的母親陳凱還是賀龍介紹的，不過沒想到後來，賀彪的兒子把賀龍的兒子「欺負趕跑了」。

## 風流韻事與家庭關係

葉選廉的妻子叫蘇丹丹（英文名：Susan So，1953 年 5 月 6 日至 2012 年 2 月 21 日），比葉選廉小一歲。蘇丹丹號稱當時京城第一美女，原來是中共軍隊總政歌舞團的報幕員，當時葉選廉開著奔馳去追她，圈內人都知道。

蘇丹丹嫁給葉三公子後，息藝學畫，曾到中國畫院進修，後隨葉選廉到香港經商，並定居香港。按照香港的慣例，人稱葉蘇丹丹，天涯論壇上被稱為耶穌蛋蛋，她婚後只有一女葉明子，葉明子可謂美女嫁富翁權貴的代表。

天涯論壇上有人講述了蘇丹丹幫助于會泳女兒的故事。于會泳是文革時期中國知名音樂家，江青搞的樣板戲，很多都是他實際運作出來的，特別是把民族音樂與西方樂器組成混合樂隊，把《智取威虎山》、《紅燈記》、《紅色娘子軍》、《白毛女》等樣板戲劇碼拍攝成電影。

然而這樣一個文人為了上爬，順從了江青的安排，最後成為中共十大中央委員、文化部部長。1996 年 10 月江青下台後，于會泳被逮捕，1977 年 8 月自殺身亡，留下三個孩子，最大的是女兒于佳易。

當時于佳易喜歡唱歌，報考了很多歌舞團，都因為政治審查不合格而被拒，但她和蘇丹丹是好朋友，於是蘇丹丹鼓勵她說：「妳把妳的情況寫下來，我回去念給公公聽。」文革開始時，于佳易還不到 10 歲，於是年過 80 的葉劍英叫來祕書，請祕書給總政治部主任送去批示：對

於于佳易要按她本人的能力安排適合的工作。很快中國鐵路文工團錄取佳易為獨唱演員。

蘇丹丹曾任香港恆源國際營銷公司董事長，據說當時投資很大。後來蘇丹丹又搞了直銷，是中國直復營銷創始人之一，中華醫藥會會長。2012 年 2 月，因子宮癌擴散到腹部，去世時才 58 歲，葬於八寶山。

網路上都議論蘇丹丹長得很美，不過有懂點面相的人說，她的「人中不夠長且淺，下巴太長前翹，這是沒有主見、孤獨終老的標誌。看來五官和命運還是很驚人的和諧。」

在中共紅二代裡，公開包養小三而不被懲罰的，可能葉選廉算是其中最出名的一個，他的情人之一趙欣瑜，因為章子怡的潑墨門而家喻戶曉。

趙欣瑜是哈爾濱人，歌手。有媒體報導，她未婚生子當「小三」，是中共元老葉劍英的第三子葉選廉的二奶，掌管北京頂級豪華俱樂部，經常出入於各大時尚派對，也每周在自己豪宅舉辦私人聚會，跟明星關係密切。

## 從潑墨到詐捐 章子怡為何走衰

2009 年底之前，章子怡的事業可謂如日中天，紅透半邊天，這對於一個出身普通家庭，沒有一個叫「李剛」的爸爸的女孩子來說，的確不是一件容易的事，付出的代價和艱辛是不言而喻的。章子怡自從跟隨《臥虎藏龍》見識過奧斯卡之後，名氣一年比一年大，通過努力英語講得也地道，應酬上流社會的派對自如，和默多克的前妻鄧文迪一起成立了電影公司、並當上了製片人，同時代言多種國際品牌，被人稱為「國際章」……

讓人始料不及的是，從 2009 年底開始章子怡一路走衰，豔照門、潑墨門、詐捐門、小三門等醜聞纏身，形象跌到谷底，以至於在接受《時尚芭莎》雜誌專訪時，坦言「詐捐門」後曾欲自殺。

有人分析說，原因就在於章子怡熱中為中共站台，結果斷送了自己的前程。

2003 年章子怡高調申請入黨，大陸媒體爭相報導。2008 年 3 月，章子怡做了奧運官網的特約記者，到希臘雅典參加中共面子工程奧運火炬採集儀式。3 月 24 日在點火儀式的現場，章子怡試圖假扮 VIP 進入採火現場赫拉神廟，被奧林匹亞工作人員攔在門外，此尷尬被各大網站轉載。2008 年 4 月，章子怡在博客上撰文，為中共奧運祝福，批駁西方媒體，稱奧運火炬在倫敦、巴黎及舊金山傳遞時遇到的西方民眾的抗議中共迫害人權是一些西方政客的別有用心以及媒體的偏見。2008 年 5 月 5 日，在海南三亞，章子怡又擔任第 206 棒火炬手，為北京奧運傳遞火炬。讓章子怡做夢也想不到的是，這種種的一切，都成了葬送她錦繡前程的陷阱。

2009 年 12 月 23 日晚，章子怡家附近她的一張巨幅海報被一群黑衣男子潑墨，有人猜測，是因為章子怡捲入財色糾紛。一位與章子怡有過兩年友誼的名媛趙欣瑜主動打電話給媒體爆料，稱潑墨是由於章子怡與已婚富商陷感情糾紛而引起的。

2010 年 1 月 22 日，一網名為「善款去向」的網友在天涯社區發帖稱，章子怡在 2008 年汶川大地震期間宣布過的多宗捐助善款，只兌現了一部分。隨後網民們啟動「人肉搜索」，質疑其善款是否完全到位以及善款去向，更有一位美國當地的網友爆料稱所謂的「章子怡基金會」已經「名存實亡」。到了 1 月 27 日的那一篇《質疑章子怡「5・12」募集 500 萬美元捐款的用途》的博文，令章子怡的誠信跌入低谷。網友們

窮追不捨，章子怡無法自圓其說，最後只好出面道歉。

在章子怡出事之前，中國一直有媒體報導指章子怡與鄧文迪將共同投資好萊塢電影《雪花與密扇》，章子怡將出演第一女主角。但章子怡的「詐捐門」爆出後，《雪花與密扇》決定換角了，「金馬獎影后」李冰冰取代了章子怡。

因為誠信危機，在國際上，章給自己惹上的麻煩還不止這些。章子怡和前男友 Vivi 曾形影不離地出席活動，處處高調秀恩愛。兩人曾高調宣布訂婚，章子怡的手上戴上了巨型的「鴿子蛋」。可是現在「鴿子蛋」不見了，兩人已分手。

章子怡自涉詐捐風波後形象大跌，部分國際品牌，如 Armani、美寶蓮（Maybelline）、奔馳（Mercedes Benz）等，已經取消章子怡的代言人資格。不僅如此，甚至正待開拍的片約也被取消，「破財近億」。2012 年後還有傳聞稱，章子怡與薄熙來性交易，獲得七億人民幣的「床上報酬」。

不過相比那些為中共賣命而送掉性命的名人，如央視的陳虻、羅京和那些扮演毛澤東、周恩來等壯年夭折的人來說，丟了名和損了財的章子怡也許還算是幸運的。

近些年中國大陸類似章子怡這樣的名人因幫中共高調做宣傳（站台或做急先鋒）先後遭到各種厄運的例子不少。但願那些還在與中共為伍的人，尤其是社會名流，能從中警醒，遠離中共，遠離厄運。

如今大陸流傳一本禁書《九評共產黨》，這本全部以中共歷史記載寫成的書，令很多中國人看清了中共的害人本質，截至 2013 年 12 月 4 日，已促使 1 億 5162 萬 1578 位中國人三退（退黨、退團、退隊），這種認清邪惡後的精神覺醒，給未來中國帶來光明。

## 葉明子的展覽與婚禮

葉明子的母親雖然很漂亮，但葉明子的外表更多繼承了葉選廉的基因。葉明子出生在 1979 年，從小就和父母與爺爺住在香山腳下，她的名字也是葉劍英取的，期望她「明月如心」。香山雖然風景很美，但地處偏僻，葉家居住的地方幾乎沒有什麼鄰居，親戚也大多搬到北京城裡居住。因為缺少玩伴，童年對於她來講是比較孤獨的，葉明子童年最親密的玩伴是鄧小平的孫女。直到七歲時舉家來到香港之後，父母重新找工作，葉明子也開始念小學，她才真正習慣與人交往，與朋友們一起玩耍的經歷也是從那時開始的。小時候的她就經常跟著爺爺坐專機，所以一度以為一架飛機就是兩、三個人坐的。

葉明子 13 歲隻身到英國倫敦求學，蘇丹丹經常寄給她一些定製的服裝，於是葉明子從小就喜歡時裝設計，之後考入了全球最著名的藝術設計大學聖馬丁（Saint Martins）深造。在面對聖馬丁面試官的時候，葉明子說，希望自己設計的衣服是為天下愛美的女孩而做的。

畢業前一年，當所有人都在為一年以後的畢業展苦思冥想時，葉明子卻飛到了日本「三宅一生」集團實習，並在日本發行了一張個人專輯。於是在大學畢業展上，葉明子就穿著自己設計的衣服，播放著自己的音樂，完成了畢業演出。

葉明子之前並沒有接受過專門的發聲訓練，為此，日本著名演藝經紀公司吉本興業株式會社專門請了聲樂老師來教她，其中一個黑人老師對她影響極大。「她教我在發聲時想像著前面有觀眾，不僅僅是在練發聲，更重要的是一種溝通。」葉明子雙手做著打開形狀，「其實，唱歌與服裝設計都是相通的，都要想著如何與外界溝通，如何與人交流，它們都不是單向的，是需要有應答的。」

很快音樂大師小室哲哉親自操刀為她寫歌：《聽你的心 Listen To Your Heart》，並發行了一張專輯。演藝事業的大道似乎正在徐徐展開，但恰在此時，葉明子選擇離開：「我只做自己喜歡做的事情，我所做的事情一定是在藝術的基礎上，唱歌也是通往藝術的一條道路，所以我會選擇唱歌來表達自己。但是當我發現自己的作品正在變成商品批量生產時，我會覺得這不是我要的。」

名門之後的葉明子成了時尚圈紅人，成為各大商家最想邀請的人。在出席各種活動時，葉明子保有自己原有的風格又符合商家們的要求，這也讓她成為許多排隊的時尚顧問。按她的原話說：「其實，最好用的 Party 風格就是堅持自己的風格，不要在 Party 上嘗試你不熟悉的路線。」

如今的葉明子定居於北京，並擁有自己的工作室 Studio Regal。除了設計室，她還有一個包括裁縫、打板師這樣一個專門為她設計的服裝做成品的團隊。

「如果有客戶來找我說要出席某個典禮，那我就專門為她設計一套服裝。其實中國也有幫人定做衣服的，但他們主要是裁縫，沒有名校的出身，其實設計師主要是幫你設計，而不是要幫你去做（裁剪）。一般我們一個季節做不超過 30 套衣服，因為每件我都要花很多心思去設計，可能以後做得更大有更多人幫我，我會做得更多，雖然下面有一個為我服務的團隊。但目前設計師就只有我一個。」

巴黎高級時裝的影響力已經越來越小。定製服裝這種量體裁剪的華貴服裝隨著快節奏的生活方式和人們對實用性的理解提高而漸漸消失。全球高級定製女裝顧客只有 1500 名，而 1947 年則有 1 萬 5000 名。但隨著高級時裝的衰落，他們的手藝也正逐漸消亡，迅速、快捷的麥當勞時尚才是 21 世紀的潮流特徵。但在中國，這些還都是空白，時裝秀在中國還是一個亮點。葉明子說：「一些大的歐美名牌服裝，他們不會在

本土做一些大的時裝展示，但是會在中國做得很大，比如租故宮和一些比較大的地方做發布會。」

葉明子的客戶包括電影導演、藝人、闊太太等。「他們想要一些與別人不一樣的東西。我做的市場不大，但客人都非常注重高級時裝和品質。一般太太們比較喜歡不是很誇張但是看起來很華貴的衣服。但娛樂界的人就喜歡比較誇張、比較顯身材的這種衣服。我會根據他們需求的不同去設計不同款式的衣服。另外，一些有政治背景的人要去國外接見什麼人，他們不想讓人家看我們中國沒有好的時裝，也會來我這裡讓我設計。一般我設計一套服裝的價格大概在幾千到幾萬元之間不等，這些費用包括了設計和成品費用。」

「外國人很喜歡中國的古香古色，因為這種發布會融入中國古典元素可能會是一種亮點，而在歐美，時裝發布會可能會被一些其他的如電影首映式蓋住。而如果發布會在中國舉辦，對本土的設計師也是一種鼓勵。」

葉明子形容自己是潮流創造者。她是朋友群中第一個將膚色曬成古銅色，並將頭髮染上各種顏色的人。現在她指甲上的特殊裝飾也是站在潮流尖端。指甲修飾攝影師會幫她拍下照片，讓其他女孩可以仿照。葉明子穿著自己創建的品牌服飾在北京參加派對。「以前迪奧舉辦宴會，人們都會穿著迪奧的衣服參加。」葉明子說，「但現在沒人願意在這些場合與別人撞衫。」

2012 年 10 月 30 日，《Vogue》120 周年慶典在北京舉行。張曼玉、李冰冰、周迅、劉嘉玲、孫儷等眾多明星、國際名模、著名設計師、以及社會名流走上紅毯，葉明子也成了這個「Vogue 120 年時裝之旅」的名人。

2011 年 8 月 28 日第 14 屆華表獎頒獎典禮在北京舉行，劉德華、

周潤發、鞏俐、章子怡、楊紫瓊等一批大明星在紅地毯上爭奇鬥豔，蕾絲裝處處可見，不過，葉明子為袁莉設計的那套黑色裝飾引來一片驚歎：不僅現場的媒體譁然，甚至拿來與 Lady Gaga 的經典透視裝比較。人們常常評論說，娛樂界的人對社會風氣的影響力很大，人人走在推波助瀾地破壞傳統的禮儀。

## 2010 北京娛樂圈年度盛事

葉明子的英文名字叫 Wendy Yip，她最出名的是她 31 歲生日前的婚禮。2010 年 9 月 9 日，葉明子在北京太廟成婚，整個婚禮用紅色玫瑰布置全場。白色蕾絲婚紗由身為服裝設計的葉明子親自設計，並選擇卡地亞珠寶作為搭配，先生是與她相戀五年的美國銀行家男友喬納森‧莫克（Jonathan Mork）。

對葉明子一見鍾情的喬納森比葉明子年長 15 歲，也因此總是細心呵護葉明子。墜入愛河後，當喬納森發現葉明子在時尚產業的潛力，原本兩人各自居住於洛杉磯與香港，葉明子選擇聽從喬納森的建議，搬回北京發展時尚事業，並開設了 Studio Regal。雖然身世不凡，總是走在時尚前端，但在婚姻大事上，葉明子只是一個浪漫的小女人，她在自己撰寫的婚禮誓詞中對喬納森真摯說道：「來世我將先把你找到。」

這場婚禮被娛樂圈稱為 2010 年北京年度最大盛事。9 月 9 日上午 11 點，紫禁城太廟沉沉的大門被推開，同時周圍響起了融合軍樂新意的結婚進行曲，葉明子與喬納森在明清兩代皇帝祭祀祖先的太廟殿堂前面，立下誓詞並交換戒指，互許終生。

典禮中處處可見各界名流，如家世同樣大有來頭的萬寶寶、Follie Follie 中國區總裁談雪晶、中華網副主席兼行政總裁 Peter Yip 伉儷、

影星林熙蕾、美國羅仕投資銀行董事兼首席執行官 Byron Roth 伉儷、名模呂燕等人。

　　之所以被認為是世紀婚禮，除了葉明子令人稱羨的家世背景之外，也因為這對新人白天選擇於北京太廟舉行婚禮，晚上則在釣魚台的國賓館進行宴客。數世紀以來，太廟是皇帝祭祀先祖的地方，許多人質疑葉明子是否動用特權才能在太廟進行婚禮，事實上，紫禁城方面早已允許私人企業活動在此舉行，包括山本耀司的服裝秀亦曾於太廟前上演，「我和 Jonathan 從來沒有想過要這麼高調地舉行婚禮，只是我們希望這是一場能夠結合東方與西方文化的婚禮，而太廟就成了最佳場地。」她透露，在兩人某次討論婚禮細節時，熱愛中國文化的喬納森說出他對太廟的喜愛：「如果可以在故宮城牆前完婚，會很棒。」葉明子於是成了在太廟舉行婚禮的第一位新娘。

　　不過，有人質疑葉明子的猶太人丈夫喬納森‧莫克，結婚時鬢角頭髮都花白了的他，躋身於華爾街大鱷中，一心想在中國市場掙大錢的金融家，45 歲娶了個太子黨美女，他要的就是葉家的特權和背景關係。對外他說是為了葉明子的服裝設計事業，所以婚後新家安在北京，其實他就是西方眾多銀行家在中國的代辦處，這筆婚姻帶給他的不光是一個妻子，更有無限商機。

# 第三節

# 葉選寧家的葉靜子

## 13 歲的叛逆女被送出國

　　比葉明子大四歲的葉靜子（英文：Maggie Ip，1975 年～），是葉劍英二兒子葉選寧的女兒。葉選寧和妻子錢鈴戈共有三個孩子，一兒兩女。大兒子葉弘出生在 1971 年，是中國證券執業分析師的第一批資格獲得者，中國最早的股市評論家之一，先後擔任君安證券營業部副總、研究部經理，國信證券高級研究員，漢唐證券深圳研究部經理，深圳珞珈投資公司副總裁，從事於證券市場操作、市場研究、投資諮詢等工作。大陸媒體沒有透露這些年葉弘操作股票的獲利情況。

　　葉選寧的大女兒就是葉靜子。由於葉選寧的母親曾憲植曾任宋慶齡的祕書，所以葉靜子也就成為宋慶齡基金會的理事。葉靜子的名字和長相都像個秀氣的日本姑娘。她成立的香港星際文化集團（Brilliant Culture Group）2001 年在香港及廣州舉辦西藏珍寶展，李嘉誠、何鴻燊

均親自捧場。她還在遼寧搞了實業。

2002 年在接受金羊網採訪時，葉靜子說她小時候，父母經常外出公幹，她和比自己大四歲的哥哥葉弘從小跟奶奶一起長大。小學就讀景山小學，那是全國重點小學。13 歲時「被迫」留學美國，因為當時的她很叛逆，父母也想讓她在正常社會學會獨立生活。當時是美國前國務卿基辛格（Henry Kissinger）為她推薦了著名私立女子住宿學校：Westover School。

剛到美國，聰穎但叛逆的葉靜子對老師說，她來這個學校的原因是爸媽不管她，她是跟奶奶長大的。沒有了父母的貼身管教，她在美國做著其他孩子做不出的事情，變著法兒地折磨監管人，在那個吃飯都要穿正裝的學校，葉靜子卻過著我行我素的生活。自己給自己放假，放一兩個星期，玩夠了才回學校。和媽媽通電話，多是以吵代講。一次吵急了，葉靜子說：「我讓我爸爸和妳離婚。」不過，在美國待幾年後，慢慢磨去葉靜子身上那種盛氣凌人的態度。

剛到美國時，因為想家，葉靜子不時偷偷回國，但每次總被雙親送回去。那時她在班上也沒有朋友。

葉靜子上的大學是曼哈頓維爾學院 Manhattanville College，這是一所私立大學，在 1841 年成立。該校在 2012 年美國大學北部地方排名中列第 46 位，在全美排名就更低了。不過這個學校離紐約市僅 28 英里，一年的學雜費約 3.5 萬美元。葉靜子學的是心理學，相對比較容易考入和畢業。

在談到父親對她的影響時，葉靜子說，「我的朋友，真是三教九流，各類都有。這是我父親對我的影響。」在她很小的時候，父親把她當朋友看待，她什麼事都跟父親講。父親說，什麼人都要交往，要學會欣賞人家的優點。「父親講的話都很精警，很多年我都記得。我們父女到現

在還是會手挽著手逛街，有時我還會坐在他的大腿上呢。」

很多大陸人知道葉靜子，是因為她曾是著名跳水女皇伏明霞的經紀人，且私交關係密切。2002 年，香港財政司司長梁錦松與伏明霞談戀愛「拍拖」，葉靜子被傳介入「松霞戀」、「姐妹反目」，但葉靜子始終否認此傳聞。在接受記者採訪時她解釋說，2001 年 11 月底，因為親自送「擁抱吉祥」展覽卡邀請香港財政司長梁錦松做剪綵嘉賓，並順便陪這位鑽石王老五在崇光百貨購物，給周刊記者撞個正著，於是，一椿和財政司長戀情的緋聞困擾了她。那幾個月，她幾乎天天見報，傳媒總拿她的家世和緋聞做文章。那年她才 26 歲。

## 舉辦西藏珍寶展

2001 年，葉靜子舉辦「擁抱吉祥——西藏珍寶展」，除了名人效應令展覽廣受注目外，展覽內容本身和展覽場地布置也備受關注。整個展覽共展出 80 多件西藏歷史文物，其中有 10 件是長期供奉在西藏夏宮內、從未借出宮外的一級國寶，包括含金質的釋迦牟尼像，鎏金銅質的 11 面千手千眼觀音像等。

一個接受美式教育的女孩子，怎麼會想到主辦這麼一個傳統宗教文化為主題的展覽？畢竟，香港普遍被人認為是文化沙漠，憑著她的顯赫背景、社會關係，要做一些賺錢、舒服的生意實在十分容易。葉靜子說，在美國她看到美國人總對自己的國家引以為榮，因為美國的孩子從小就認識自己的歷史和文化。

「其實，我們也有我們的文化，而且我們的文化很豐富，只是你們不了解。」回國後，她更感覺到如今的中國人對自己的傳統文化也很陌生。她說：「也許是過去封閉太久了，以致在外來文化的衝擊下，有些

迷茫，尤其是年輕人。」她發現，現在像她這輩或更年輕一輩都比較熱中於追求偶像文化和流行的東西，她希望通過這個展覽來喚起新一代對傳統文化的關注。

他們還在展場上出售一些跟主題有關的紀念品，比如月曆牌、吉祥杯、圖書冊、T恤等彌補開支。這個公司的「創業作」已達收支平衡。

葉靜子還請父親葉選寧題寫了「擁抱吉祥」幾個字。「我爸爸失去右臂後，用左手苦練書法，他的字寫的遒勁有力，榮寶齋都有賣，他能給我題字，也是我的光榮。」不過，說要弘揚中國傳統文化的葉靜子，辦的展覽確是有關西藏文化的，嚴格地說，西藏文化只是中華民族文化的一小部分分支，不是主體，真正的中華傳統文化在大陸已經失傳，因為中華傳統文化是敬天信神的，與中共黨文化的無神論和鬥爭哲學是完全對立的。

葉靜子是星際文化集團有限公司的董事總經理，但她卻抗拒人家說她做生意，她說：「我不認為自己是個生意人，我在公司主要是出主意，理財部分由我的拍檔負責。」該公司還投資拍攝一部 30 集的古裝電視劇《行行出狀元》，由張鐵林、夏雨等主演。

## 紅色血統的優越性

葉靜子總結家人的特點是，「都非常有主見，邏輯思維強，有著獨特的幽默感和說話方式。」「我看事情和做事情，都會被家人的經歷影響，他們對我的成長起了很關鍵的作用。」

葉靜子看來，葉家這個大家族裡發生的故事遠比「大宅門」精彩多了，「我有四位奶奶，第二代的長輩們不是同一位母親所生，但從他們開始就非常抱團，這麼多年到我們這一代都非常願意聚在一起，過年過

節一定在一起，平時只要有機會我們總會找藉口聚聚……」

不過，有人評論這種團結的目的是為了獲得和維持其特權。葉靜子也承認「紅色血統」（red blood）家族帶來的各種特權。

彭博社的報導稱，鮮為人知的是，37 歲的葉靜子還是遼寧星際動力總成有限公司的董事長，該公司計畫使用馬來西亞國有石油巨頭國油石化（PCHEM）提供的技術，在中國東北造汽車發動機。根據公司文件，星際動力的唯一投資人在英屬維京群島註冊。

2010 年 11 月 26 日至 28 日，上海浦東舉辦了 2010 年中國國際房車街道賽。這場比賽的幕後推手，正是星際文化集團，或可說是該集團的董事總經理葉靜子。英國《金融時報》報導稱，這是德國房車大師冠軍賽首次在德國以外的地方舉行，葉靜子為此籌措了人民幣一億元（1500 萬美元）的投資。

能在上海中心商業區舉辦車賽，證明了葉靜子不論在人脈或影響力上，出生的背景為她提供了很多方便。因為即使是中共統治階層，也很少有人能說服上海政府為了一場車賽而關閉大片區域。這顯示了葉家人的實力。

在《金融時報》訪問中，葉靜子承認來自「紅色血統」家族讓她享有各種特權，也坦承有些在事業上協助她的人，是看在祖父與父親的面子上。而對於西方公司在選擇事業夥伴時，對方家庭背景的重要性如何，這些公司都非常不願意談論，但大部分的跨國公司都曾在不同時期與太子黨建立密切。

一名有影響力的西方企業顧問表示，每個人都知道，獲得影響力的捷徑就是聘請與最中共高決策層有關聯的太子黨，一外國銀行的資深執行長表示，他們總會給年輕的太子黨一個實習的職位，好讓他們的家族開心，但公司絕不會只因為他們的家庭背景就雇用哪個人，因為長期來

說，這麼做將讓公司太陷於中共派系鬥爭和爭奪地盤的戰爭中。

## 王京陽想不到的南泥灣

葉靜子的丈夫王京陽是王兵的兒子、王震的長孫，也是中國 IT 界的知名人物。他擁有加拿大名校約克大學計算機和數學雙學位。目前他是北京掌上網科技有限公司的董事長兼總裁，旗下有「移動證券服務」等知名品牌，是中國知名的掌上平台手機證券服務提供商。

由於特權，王震的三個兒子都享有高位：中國海洋直升飛機公司董事長王兵、中信集團董事長王軍、長城集團前董事長王之。

作為王家第三代，王京陽坦率地說，自己目前遠遠無法和父輩比較，也不渴望鋪一個「大攤子」，也不做傳統跨行業的企業。科技時代，他和時代對話，給自己搭建的是一個科技的平台。

在一篇《回憶與爺爺王震在一起的日子》的文章中，王京陽寫道：「中央開會批鬥劉少奇後，爸爸一言不發，給劉敬了一個軍禮……」「爺爺喜歡讀《三國演義》，最讚賞趙雲。他覺得趙雲忠肝義膽，有勇有謀，不驕不躁，不爭功論賞，卻是於危難時刻突圍救主的常勝將軍……」

祖孫兩個常捧著《三國》說英雄論豪傑。閒來每日還要下幾盤象棋，爺爺有時小孩脾氣悔棋怕輸，孫子便有意相讓。

王震寫過一首詩描述自己的一生：「生在井岡山，長在南泥灣，轉戰數萬里，屯墾在天山。」他特地講起父親王兵在深圳工作時，利用業餘時間，也種了一畝多地。但是無論怎麼精心護理，地種了兩年多還是沒長熟，沒有好的產量。相比於爺爺時代的南泥灣，父親在深圳，有著天然宜人的氣候環境和農藥等各種措施，卻未能獲得好的收成。王京陽現在也好奇：「我爺爺究竟是怎麼讓南泥灣產出那麼多糧食，種出那麼

大的瓜……」

不過這位留洋歸來的雙學士想不到的是，他的爺爺自從跟了共產黨，說的話很多都是假的，騙人的。

「花籃的花兒香，聽我來唱一唱，唱一呀唱。來到了南泥灣，南泥灣好地方，好地呀方。……到處是莊稼，遍地是牛羊。……」由郭蘭英主唱的這曲旋律動人的《南泥灣》在中國大陸已經傳唱了許多年，這首歌曾激起了很多人對南泥灣的嚮往，殊不知，這中共花籃裡的花兒原來是讓人避而不及的毒花——鴉片。

在三、四十年代的延安時期，為了招兵買馬，為內戰作準備。中共在延安大量生產鴉片煙。南泥灣本來是延安地區唯一的原始森林，被王震的「三五九旅」用極其野蠻落後的方式砍伐燒荒後，種植了大片的鴉片。

王震的三五九旅還專門雇來工匠，把收穫的鴉片加工成煙土，然後交由陝甘寧邊區財政廳集中保管，隨時運往山西、河北等地，無論是國民黨軍守備區還是日偽占領區，誰給錢就賣給誰。事實上，因為日偽占領區很難進入，所以絕大部分邊區煙土都被賣到國民黨守備區，部分賣到民間，部分直接賣給國民黨軍隊。

據陝北一位老紅軍回憶，國共抗日統一戰線形成後，他被派到山西參與掌管一個抗日根據地的財政。1941年該根據地因為實在窮得揭不開鍋了，不得不向延安方面告急。延安方面答應得非常痛快，沒幾天便派一支部隊護送一批毛驢和騾子馱運物資到了山西。山西方面驗貨時才發現，除了幾百件延安生產的土布軍裝外，還有幾百斤大煙土。押運人員還帶去了陳雲的親筆信，那信要求山西方面用這批煙土向當地國民黨軍隊或日偽占領區換取必需的軍事物資和生活物資。

這位老幹部當時因為對販賣大煙想不通，便被抽調回到延安抗日軍

政大學受訓。受訓期間前往南泥灣，與王震主導的三五九旅一同開荒種地。糧食確實種了一些，但好一點的地都被用來種了鴉片。這位老幹部後來在接受採訪時憤憤地說：「什麼『到處是莊稼，遍地是牛羊』，說『到處是大煙』還差不多！」

陝甘寧邊區政府裡一直有人反對經營「土特產」（鴉片）這種生意，有幾位還給毛寫了兩封信，歷數經營「土特產」的弊端。另外，西北局的一些頭領，包括司令員高崗在內，都是這個意見：「寧可餓死，也不能做這個買賣。」為此，毛召見陝甘寧邊區財政廳長南漢宸，囑咐說，為了共產黨的生存和利益，「必須犧牲一切。」

有了毛的支持，南漢宸便依靠經營「土特產」籌措錢財。一般認為，販賣鴉片的收入占邊區財政收入的半數以上，個別時候占三分之二左右。南漢宸因扭轉邊區財政狀況，「功」不可沒，而得到毛的特別器重。中共奪權以後，南漢宸因「救黨有功」，被任命為中國人民銀行首任行長之職。

據美國學者哈里森·索爾茲伯里的《長征——前所未聞的故事》披露，長征大逃亡中，中共一路上都是把大煙土（即鴉片）當現金使用，隨時用煙土與所經之地的老百姓或國民黨地方軍隊交換生活物資或槍炮彈藥。不少紅軍士兵在回憶錄中寫到，他們曾用鴉片當作貨幣去購買生活必需品。

當時負責邊區政府事務的謝覺哉，以自己的日記提供了佐證。謝覺哉在日記中把鴉片一律稱為「特貨」，他寫道：「就是特貨一項得的法幣占政府收入……盡夠支用。」1944 年 4 月 9 日又記，「據調查邊區內存的法幣不下二萬萬元，無疑是由特貨補足普通物品入超而有餘來的。」可見，中共大發了經營鴉片的不義之財。

原塔斯社記者、莫斯科駐延安特派員彼得·弗拉基米若夫的《延安

日記》亦寫道：「中共政治局甚至批准，要加強發展公營的鴉片生產和貿易……要在一年內為中央政府所轄的各省的市場（叫作對外市場）至少提供 120 萬兩的鴉片……」

「鴉片的事情，就是說罌粟的種植與加工，大部分將由部隊來做管。賀龍的一二零師所在地是最主要的提供鴉片的地區（這個師已長期做這項生意）……」

此外，彼得還寫道：「晉西北各縣都充斥著五花八門的日貨，這些日貨都是由淪陷區日軍倉庫所直接供應的……」從彼得的日記來看，鴉片的種植地區除了陝北外，晉西北也是個很重要的產區，主要還是因為這些根據地比較偏僻，日本人也來打擾得少，便於進行祕密、成規模的生產。

中共一直宣傳的在南泥灣地區進行的「大生產運動」，其實只有少部分地種了糧食，大部分地區都種植了鴉片。此事在《謝覺哉日記》和張國燾的《我的回憶》及部分民國檔案文獻等資料中得以印證。塔斯社記者、莫斯科駐延安的特派員彼得・弗拉基米若夫在他的《延安日記》裡有徹底的揭露。美國學者哈里森・索爾茲伯里的《長征——前所未聞的故事》有經考證後的詳細記載。專門的研究文章可看陳永發教授在 1990 年發表的《紅太陽下的罌粟花：鴉片貿易與延安模式》。

越來越多的史料披露，南泥灣本來是延安地區唯一的原始森林，被王震的三五九旅用極其野蠻落後的方式砍伐燒荒後，種植了大片的鴉片；張思德就是燒製鴉片時，窯洞坍塌被活埋而死的。毛澤東的《為人民服務》中樹的「重於泰山」的革命典型，欺騙了國人半個多世紀。

《九評共產黨》中寫道，1942 年延安開始了大生產運動，政治局為此專門成立了鴉片生產委員會，任命任弼時為鴉片主任。種植的鴉片被賣到「國統區」。著名歷史學家辛灝年指出，該段歷史背景是中共靠

種鴉片發財禍民，賺錢打國民黨的歷史。

在共產魔教沒有傳入中國之前，很多之後的共黨頭目當時還都是熱血青年，其中不乏憂國憂民之輩。然而，一旦加入了這個崇尚暴力、攫取、欺騙的組織，就如同掉進了大染缸而被染黑、染紅、染黃。中共幾代頭目的表現，都證明了這一點。沒有誰是乾淨的，只是程度不同而已。而他們的為禍毫無例外的蔭及了家族二代、三代，於是中國出現了獨特的利益集團群體世襲種類——太子黨。他們的觸角伸向中國社會的各個領域，伴隨著裙帶關係和權力，使世界上人口最多的這個國家，長期處在一種沒有普世價值，沒有章法，沒有現代文明的奴隸性、封建性、資本掠奪，財富高度集中，大眾高度貧困的混亂、荒唐狀態。而現在，這個共產魔教已經到了徹底解體的前夕。

中共太孫黨

# 第五章

# 王震家族

（維基百科）

# 第一節

# 八大元老的四大核心機構

2012 年 12 月 26 日，媒體披露中共鄧小平、陳雲、楊尚昆、王震、薄一波、李先念、彭真和宋任窮八名元老的後代結成紅色貴族利益集團。（大紀元合成圖）

2012 年 12 月 26 日，美國彭博新聞社披露中共鄧小平、陳雲、楊尚昆、王震、薄一波、李先念、彭真和宋任窮中共八名元老的後代斂財詳情，八大家族編織了一張利益交織的網絡，結成龐大的紅色貴族利益集團。

中共獨裁集團的權利瓜分，尤其體現在掌控經濟利益上。他們深知，除了血腥戰爭和獨裁統治所必須的殺戮，延續統治必須把持經濟、金融、能源、通訊、交通等國家命脈行業。於是，權貴集團在一代黨魁接連去世之後，開始大肆進軍這些命脈領域，很快形成了家族把持行業。為了延伸統治和利益最大化，黨魁家族之間通婚、提攜，結成同盟關係，形成紅色貴族鏈，不容外人染指，儼然國家世襲主人。最顯眼的就是所謂八大家族。

彭博報導稱，中共八大元老的家族關係網絡相互交織，包括業務往來，擁有共同雇主，相同的私有或國有企業和外交機構，甚至通婚。彭

博詳細列舉了 20 餘條八大家族間人員利益往來細節，其中主要涉及中信集團（Citic Group）、保利集團（Poly Group）、南海集團（Nanhai Group）和北京置業地產公司（Bright Future）四大公司機構。

中信集團公司（前稱中國國際信託投資公司）是經鄧小平親自倡導和批准，由榮毅仁於 1979 年 10 月 4 日創辦的。主要業務集中在金融、實業和其他服務業領域。1989 年曾被稱為十大官倒公司之首。

中信集團歷任管理層名單為：1979 年至 1993 年榮毅仁任董事長兼總經理；1993 年至 1995 年魏鳴一任董事長，王軍任總經理；1995 年至 2000 年王軍任董事長，秦曉任總經理；2000 年至 2006 年王軍任董事長，孔丹任副董事長兼總經理；2006 年至 2010 年孔丹任董事長，常振明任副董事長兼總經理；2010 年至今常振明任董事長，田國立任副董事長兼總經理。

另外，鄧小平兒子鄧質方曾在中信集團任職高管，楊尚昆的女兒楊李在中信集團部分控股公司擔任名譽主席，彭真兒子傅亮是中信集團的獨立董事，薄一波兒子薄熙成曾在中信集團的一個分支任獨立董事。

保利集團公司則是中共解放軍總參謀部、中國國際信託投資公司於 1983 年成立，主要經營通用商品和特種裝備及技術的進出口業務，先後引進了包括黑鷹直升機，瑞士防空系統等產品，並且出口了大量防務裝備。1992 年，經中共國務院、中央軍委批准，在保利科技有限公司的基礎上組建中國保利集團公司；註冊資金 15 億人民幣。王軍、賀平等是公司創始人。1999 年 3 月，中國保利集團公司由軍隊劃歸中央大型企業工作委員會管理，成為中共國有重要骨幹企業。

中國保利集團公司管理層名單：賀平：董事長、總經理，總參裝備部少將（中共少將賀彪之子，鄧小平女兒鄧榕之夫）；姬軍：副董事長（原中共副總理姬鵬飛之子）；王小朝：董事、副總經理（楊尚昆女婿，

楊李丈夫）；葉選廉：解放軍總參、保利集團公司負責人之一；王軍：
前任董事長；陳洪生：董事、常務副總經理（原中共江西省委書記陳正
人幼子）。

南海集團（Nanhai Group）：王震的孫女王京京和宋任窮的兒子宋
克荒曾不同時期任職南海集團董事，彭真兒子傅亮持有南海集團公司的
股份。

北京置業地產公司（Bright Future）：宋任窮的兒子宋克荒任總裁，
其上市合作夥伴包括鄧小平的女婿賀平和楊尚昆的女婿王小朝操控的保
利集團，還有陳雲的兒子陳元任行長的國家發展銀行，以及與陳雲孫子
Dong Wei 有關聯的昆侖信託。

## 王震長子深圳持槍綁架 轟動中共中央

中共元老王震的後人如今富甲一方，和鄧小平女婿、陳雲的兒子三
人主導運營的公司市值相當於中國年度經濟產出的五分之一。在 1995
年，王震的長子王兵為了討債，曾持槍綁架，轟動地方和中央。但因王
家和鄧小平家族的關係密切，被中共高層和軍方大事化小，小事化了。
中共高層也因家醜不可外揚，而不准對外聲張。

1995 年 6 月 24 日下午，深圳東輝實業股份有限公司董事長陳顯旋，
在深圳香蜜湖高爾夫球場被王兵等人持槍公開綁架。此事發生後，驚動
深圳當局和中共高層。在深圳當局的介入下，直到 27 日陳氏才從蛇口
南山區的軟禁地點被釋放回家。據世界新聞網早前披露，被綁架人陳顯
旋，時年 40 餘歲，比王兵小許多。他是中共另一元老烏蘭夫的孫女烏
遼娜的丈夫，80 年代初曾任深圳原野公司董事長彭建東的司機。後來
陳跳槽至中海直當了王兵的司機。

不久，因為服侍王兵得體，深得信任，陳顯旋被委任為中海直下屬子公司新星公司經理。此後，王兵向陳撥出大筆公款供其經營，沒想到陳顯最後虧損乾脆賴帳不還。王兵在中海油總公司為首的六家上級股份公司的壓力下，一再向陳顯旋追討債務。當時，陳在新星公司虧空了款項的情況下，卻又與深圳市政府當局合資成立一家東輝實業股份有限公司，更令王兵忍無可忍。

王兵在 1991 年 3 月正式向北京檢察機關舉報。當年 6 月，陳顯旋即被深圳南頭公安分局以貪污罪名拘留審查。但僅過了一天，一個名叫李珩的東輝公司董事給深圳市公安局長梁達鈞打電話，陳就在上面來的指示下獲釋。

當時東輝公司背景強大。吳小蘭掛名東輝公司董事長，吳小蘭的丈夫葉選平是廣東省省長，而東輝公司董事李珩是李灝的愛女。李灝主掌深圳特區，在此之前是中共國務院副祕書長。另外，李珩當時的丈夫是中共元老、前國務院副總理谷牧的愛子劉會遠，據說連部長都對他忍讓三分——整個東輝公司就是這樣一種複雜的背景，深圳市公安局怎敢對陳顯旋下手？

隨著時間的推移，東輝公司背後盤根錯節的家族背景也逐漸變化，先是劉會遠與李珩離婚，李灝又被免去廣東和深圳所有職務，調北京任中共全國人大常委，表面上由副省部級升為正省部級待遇，卻失去了在深圳當土皇帝的所有特權。在這種情況下，顯然，王兵認為時機已到，乾脆對陳顯旋玩起了黑道手法。

1995 年王兵綁架了陳顯旋。被當時的香港媒體大肆報導了幾個月逐漸消音。而中共高層和軍方對王兵的處理似有「大事化小，小事化了」的趨勢，即使因此給王兵一個內部處分，中共高層也絕對因「家醜不可外揚」而不准對外聲張。

但是，鄧小平一家在此事件前曾公開宣稱鄧、王家族「一損俱損，一榮俱榮」，因此鄧小平去世之前，鄧家都不大敢惹惱王震家族。

鄧小平女兒鄧榕以毛毛筆名撰寫回憶王震的文章，以整版篇幅醒目地刊登在1993年4月4日的《人民日報》上。她在文章裡恨不能將王家三兄弟形容成西方文學史上著名的「三劍客」，說王兵、王軍、王之三人個個「有膽有識，在朋友中口碑甚佳」。鄧榕在文章中毫不隱晦地說：「我和王家三兄弟，便成了無話不談、無事不商，困難之時甚至可以兩肋插刀的莫逆之交。」當時外界有分析認為：鄧毛毛的這篇文章，與其說是為死去的王震樹碑立傳，不如說是為活著的王震子女鋪路搭橋。

因此有分析認為，共產黨執掌中國大陸幾十年來的習慣行為準則，從來是要把「身行惡」置於「口言善」的前提之下，其黨內的「幫規」更是要以「原則」、「黨性」之類冠冕堂皇的詞彙包裝其檯面之下的拉幫結派和爾虞我詐。而鄧榕、王兵這代比他們老子的最大「進步」，就在於已經完全撕破了那層遮羞的面紗，毫無顧忌地用「兩肋插刀」這樣的幫會、黑社會語言對外昭示其利益集團內部之間的「同榮辱，共進退」的「莫逆」關係。

除了少數低調，太子黨很多都不甘寂寞，特別是近年張狂表現的王震、薄一波、陳雲等已死去黨魁的兒子們。為了在權力和利益的角逐中搶占高位，他們撕下面具，露出黑幫本質。雇凶殺人，跨省綁架，販賣軍火、唱紅打黑……在這個黑暗黨國沒有人能制住他們。其中最典型的就是已被判處無期徒刑的薄熙來。

第二節

# 王軍新疆撈錢

王軍掌控的保利集團是中共軍火的外貿「龍頭」。2013 年 2 月 11 日，保利集團名列美國國務院公布的制裁名單。（新紀元資料室）

　　《財經時報》2007 年 7 月在題為《中信原董事長王軍復出建新公司 50 億投入新疆》中稱，一家名為「中國天然」投資控股有限公司的企業，在新疆大展身手，據當地媒體報導，這家公司宣布在新疆大舉投資，計畫投入高達約 50 億元人民幣。這個「大買家」背後，正是中信集團第三任董事長王軍。

　　新疆擁有豐富的煤炭資源。中國天然在新疆投資的重點是煤化工、煤電，托克遜露天煤礦正是其擴建的三大煤炭生產基地之一。王軍主導的大規模的煤炭開發建設，也使新疆正面臨著一場嚴重的環境危機。

　　1949 年 10 月，王震被派往新疆任新疆軍區司令員兼政委和中共新疆分局書記，其率領 10 萬官兵進軍新疆，推行政治、文化改造的紅色殖民政策。同時，王震在新疆發起極左「鎮反鬥爭」，制定了所謂《關於在伊犁開展牧區改革》的計畫。

　　據《觀察》報導，當時新疆近似瘋狂的極左「鎮反鬥爭」，已導致

許多人死亡和 1000 多牧主被逮捕。

當時，王震甚至用大炮轟平維族村莊，大批維族人慘死。後來新疆人用王震的外號（「王鬍子」，又稱「殺人王」）來嚇唬哭鬧的小孩，每當小孩子哭鬧，大人就嚇唬說：「王鬍子來了！」於是小孩害怕了，立刻停止哭泣。最終，中共高層出面召王震進京，隨後王震被撤職。

王軍生於 1941 年 4 月 11 日，是中共太子黨的核心成員，他曾掌管了中信和保利這兩個最大國企，同時他也被視為中國高爾夫球的教父。最不被大陸人知道的是，王軍是薄熙來在太子黨中最大的支持者。

2012 年 2 月，王立軍、薄熙來事件爆發，多家媒體報導了王軍積極參與「營救薄熙來」的活動。據說，王軍和中共元老、新四軍彭雪楓將軍之子彭小楓，「聯袂領銜營救薄熙來，向高層施壓」，要求中共中央「正確處理薄熙來問題」。

有消息人士透露，自 2012 年 3 月開始，王軍等太子黨及其幕僚多次在銀行業的私人會所組織祕密聚會，根據收集、整理的關於習近平、溫家寶的黑材料商討對策，以及如何將這些材料向媒體曝光。

2012 年彭博社和《紐約時報》發表的關於習近平家族和溫家寶家族貪腐多少億美金的報導。這背後有周永康、曾慶紅的參與，但也有王軍等人的謀劃。

## 王軍販賣核武給北韓

王軍不但是薄熙來在太子黨中最大的支持者，是毛左在商界的大後台，而且，王軍掌控的保利集團，負責倒賣軍火以及核武器。北韓雖然民眾窮得吃不飽飯，但金正日利用毒品走私，掙了不少錢，都用來從保利購買武器了。有知情人透露，北韓的核武器都是中共幫忙培訓和製造

的，原材料、技術和人才都是中共提供的。儘管王軍非常低調，不像薄熙來那樣張揚，但蛇年開頭的北韓核實驗，還是把王軍擺上了檯面。

2013 年 2 月 11 日，美國國務院網站正式公布了《防止向伊朗、北韓和敘利亞擴散法》對中國公司的制裁名單：保利集團、深圳市倍通科技有限公司、中國精密機械進出口公司、大連盛輝鈦業有限公司，其中大連盛輝公司的業務經理李方為則是受到制裁的個人。

眾所周知，保利集團是中共軍火的外貿「龍頭」，保利曾在其集團主頁上炫耀說，連玩導彈進出口的資質都有了。伊朗、北韓等核武器不會從天而降，很多調查發現，這些邪惡軸心國的很多武器都是來自中共。

保利公司被美國制裁的第二天，北韓進行了第三次核實驗。有消息說，王軍販賣核武給北韓的負責上司就是原江澤民派系的大員、政治局常委、政法委書記周永康。正是因為保利長期給北韓提供各類軍事物資，北韓一直聽命於周永康以及王軍等人。保利 11 日被美國制裁，北韓 12 日進行核實驗，這裡面不排除王軍等人的報復因素。半年後，這一消息進一步獲得證實。

## 江派才是北韓的老闆

2013 年 7 月 3 日，在國際聚焦江澤民集團的代表人物周永康隨時會被逮捕的傳言下，被公認為中共在香港的喉舌「大公網」公開為周永康站台，藉刊文《揭祕周永康訪朝內幕》恐嚇習近平陣營和美國及國際社會。

江澤民集團顯然藉此來威脅國際社會：若逮捕周永康，江派會不惜再利用北韓金家搞核武器來恐嚇美國、攪局國際。江澤民集團在內外交

困的情況下，被迫亮出底牌：江派才是北韓背後的真正老闆。

自從王立軍出逃，周永康夥同薄熙來欲政變推翻習近平的消息傳出後，逮捕周永康的呼聲不斷，周的親信也紛紛落馬。2013 年 4 月 29 日周永康好不容易藉回母校露露面，但並無正規媒體報導，只有該中學的校友網（還不是該中學的官方網）上面有兩篇短文，7 月 2 日大公網剛披露此事，校友網馬上被大陸官方緊急刪除。

7 月 3 日，大公網又罕見的用了 51 張圖片來刊登《揭祕周永康訪朝 中共首次公開給金正恩的神祕禮物》一文。其中有些圖片並不是周永康訪北韓所攝，而是周在北京接待北韓來的官員，很多內容重複，放那麼多圖片反而讓人覺得奇怪。

文章稱，2010 年 9 月 30 日，金正恩首次在北韓媒體上公開亮相。「幾天後中國共產黨派時任政治局常委的周永康率團訪朝，成員包括王家瑞和孫政才等人，名義是慶祝勞動黨成立 65 周年。周永康此訪給了金正恩一個首次公開參與外交活動的機會。」

10 月 10 日上午，平壤金日成廣場上舉行盛大閱兵式，金正恩被確立為第三代領導核心後再次公開亮相大型活動。周永康是唯一登上閱兵式主席台觀禮並與金正日全程同行的中共代表團成員。金正日還拉起周永康的手一同向人群揮手致意。

周永康三天訪問時間四次會見金正日，並與其他北韓領導人廣泛接觸，大公網稱「可見中朝關係再掀高潮」，「但是媒體並沒有透露，周永康和金正恩是否有多次會晤，特別是交流過什麼問題。」報導還加一句：「外界也關注到，周永康率團訪問朝鮮時，孫政才和金正日以及金正恩也有過接觸，這或許成了此訪的又一大看點。」言下之意是周永康多次單獨會見金正日及金正恩。

圖片中還介紹了周永康在人民大會堂會見北韓勞動黨中央書記太宗

秀,周特意談到能源問題,稱自己長期在石油行業工作,深知能源對一個國家重要性,中方願意和北韓加強交流合作云云。金正恩上台後,太宗秀就被調任北韓勞動黨咸鏡南道黨委責任書記,而北韓核試驗基地正位於咸鏡道。

中共與北韓的關係,文革時可以說是兩個共黨嘍囉之間的關係,而最近幾十年,中共先是違背核不擴散協議,私下傳授和支持北韓搞核武器,然後在背地裡利用北韓在前台演雙簧,用核武器來威脅國際社會,從而讓西方國家不得不邀請中共來充當調停者,從而在人權方面對中共採取妥協態度。「北京六方會談」多年來毫無進展,就是因為陷入了中共的圈套中。

而在中共內部,負責聯絡北韓的大多是江派人馬。人們從最近一次北韓核試驗就可看出端倪。

人們發現,往往北韓有意通過核試挑釁美國的時候,大多涉及中共內部強硬派對美國的威脅行動,或出於中共內鬥需要來捆綁中南海政治對手。

除了周永康跟北韓親近外,江澤民的「軍師」曾慶紅,也曾與金正日打得火熱。2001 年 3 月曾慶紅為江出訪打前站前往北韓時,受到了金正日的熱烈歡迎,北韓後來還特意發行了曾慶紅與金正日在一起的郵票小型張。

**薄周政變 北韓是退守地之一**

2012 年 2 月 6 日,王立軍出逃美國使館時上交了很多祕密材料,其中包括薄熙來夥同周永康搞政變推翻習近平的陰謀。這個政變陰謀從 2008 年左右開始實施,計畫安排得很周密,連「新政府」誰當什麼官

都做了安排。

比如，司馬南出任中宣部長、趙本山任文化部長等。不過外界一直沒有得到消息，假如政變失敗，薄熙來與周永康是否安排了退路？應該退到何處才能留得青山在不怕沒柴燒，等待機會再度「鬧革命」呢？

據報，薄周準備了三條退路：

一是退守四川和雲南，利用成都軍區和昆明軍區的人馬，憑藉蜀道難的地理優勢來抗衡中共中央。二是退守新疆，新疆一直是周永康的地盤，而且近年來薄熙來的密友王軍從中信退休後，也不斷在新疆發展，從王震時代新疆就是左派的領地。薄熙來出事後，第一個帶頭營救薄的太子黨就是王軍。

三就是退守北韓，王軍通過保利給北韓提供核武器，自然能夠使之聽命於自己，利用核武器來威脅中南海和國際社會。

王軍的更多詳情，請看《新紀元》新書《習近平的勁敵——薄熙來私黨祕聞》。

第三節

# 王京京的滑鐵盧：中科環保

　　在網路上，有關王軍女兒王京京的資訊非常少，不過 2011 年 2 月，網路上流傳一份《中國太子黨最新資產排名》，裡面有她的名字，但把她當成了男的。儘管沒有出處、可靠性不高，但可以作為參考：

　　1. 王震之子王軍，中國中信集團董事長，公司市值 7014 億元；

　　2. 江澤民之子江綿恆，中國網通創辦人，公司市值 1666 億元；

　　3. 朱鎔基之女朱燕來，中銀香港發展規劃部總經理，公司市值 1644 億元；

　　4. 胡錦濤之子胡海峰，威視公司總裁，該公司市值 838 億元；

　　5. 榮毅仁之子榮智健，中信泰富主席，公司市值 476 億元；

　　6. 溫家寶之子溫雲松，北京 Unihub 總裁，公司市值 433 億元；

　　7. 李鵬之子李小鵬，華能電力董事長，公司市值 176 億元；

　　8. 孔元之子孔丹，中信國際金融董事長，公司市值 99 億元。

　　9. 李鵬之女李小琳，中國電力副董事長，公司市值 82 億元；

10. 王軍之子，王震之孫：王京京，中科環保副主席，公司市值 7.7 億元。

這份報告還顯示，中國的億萬富豪九成以上都來自中共高幹子女，其中 2900 多名高幹子女共擁有資產超過兩萬億。他們依靠家庭背景權力，透過錢權交易壟斷金融、能源、郵電、地產等領域，形成特殊利益集團進行非法獲利。

王京京，可能 1969 年出生，2005 年 36 歲的她，就掌管了價值七億多的中科環保集團。

王京京的事業發展一如其他中共高幹「太子黨」、「公主黨」。她在 1995 年 10 月至 1999 年 1 月期間，在美國信孚銀行香港分行任職。1999 年 4 月，轉任深圳市寶德尊投資有限公司董事總經理，後返港，任北大青鳥集團之香港青鳥科技發展有限公司總經理。2001 年 12 月她應邀出任中國數碼信息非執董，2004 年 10 月 27 日，出掌中科環保電力副主席，主要經營環保。她將公司轉型搞環保相關生意。公司先後多次透過配售集資收購廢物焚化公司，擴大業務基礎與地域。

2005 年 9 月 29 日深夜，香港廉政公署展開代號「響箭」的拘捕行動，兩家深具大陸背景的上市公司的主席及高層共 22 人，因涉嫌挪用公司近一億元資金而被捕。被逮捕的人就包括中國環保電力控股的執行董事李如梁，及財務總監陳德興，中科環保電力主席韓明光，執行董事鄒浩東，以及三名協助地下錢莊的，共 22 人被拘，並搜走 20 多箱文件。

調查顯示，被捕人員涉嫌在大陸進行多項環保能源等假投資以轉移資金。他們透過地下錢莊將上市公司資金轉往大陸，然後再私下調回香港，轉入涉案者的帳戶。據悉，受查案件主要涉及中國科學院下屬公司合作開發研究的垃圾發電計畫。

事件緣於 2003 年 12 月，當時仍稱泓通控股的中國環保電力，與中

國科學院旗下中科實業成立東莞合營公司，由中國環保電力持有九成股權，中科持有一成。總投資額約 3 億 380 萬元。

不過，2004 年 2 月 17 日，中國環保電力與中科另訂協議，泓通在東莞的持股量由原來九成降至五成一，中科維持一成持股量，其餘三成九股權引入廣州環島持有。合營公司註冊資本仍為一億人民幣。不過，最後未能成功引入廣州環島為股東，中科持股量改為 49％。

2005 年 4 月 12 日，中國環保電力宣布，以 7600 萬元向中科環保出售東莞合營公司五成一股權。在此之前，中科環保以 4290 萬元向王京京收購東莞合營公司的三成九股權，原來中科不知於何時將合營公司的三成九股權售予王京京。最終在 2005 年 7 月，中科環保持有該合營九成股權，而中科則持有一成。

經過一年九個月的時間，該合營公司終於成立，並把股東架構定下來，唯一轉變的是持有九成股權的中國環保電力變為中科環保。其實，控制合營公司的最終人物則不變，因為經過一連串交易，中國環保電力的原大股東韓明光，現時成為中科環保大股東，而原中科環保大股東的 Ba 叔現時則變成中國環保電力的大股東，在中科環保，Ba 叔只持有不足 1％的股權，及出任執行董事一職。

另外，中信集團與兩公司尚有淵源。中國環保電力 2005 年 2 月初宣布，向中信集團持有五成三股權的中信資產管理，入股從事藥物分銷的中國醫藥四成九權益，涉資 4655 萬元人民幣。

有「內地演唱會之父」之稱的「Ba 叔」陳達志，是香港娛樂圈內的活躍人物，其大陸深厚的人脈是他經營的本錢。他為中科環保引入王京京後，又把 5.4％的中科環保股權，配售給國務院前總理李鵬之女李小琳擔任副董事長及副總經理的中電國際集團，令對方成為策略股東。

外界評論說，中國資金外流現象十分嚴重，像這樣曲線撈錢洗錢的

大有人在，而且許多貪官還直接攜款外逃。目前中國已名副其實的成為全世界盛產並輸出貪官污吏的大國。

2005 年 10 月 5 日，中科環保（香港股份代號：0351）公布委任王京京為主席，該公司同時又公布有深厚中信背景的田玉川為執行董事兼首席執行官，以及名譽主席劉鴻儒另委任為非執行董事，而早前廉署調查行動中被拘捕的三名執行董事，包括原主席韓明光、香港娛樂界名人「Ba 叔」陳達志，及鄒浩東，則調任為非執行董事。

不過五個月後，王京京突然以私人理由辭職。有評論稱，入主中科環保是王京京的滑鐵盧之戰。然而在父親王軍的庇護下，仍可在商界呼風喚雨，後來成了匯鑫銀通（北京）科技有限公司副董事長兼 CEO。

## 王京京女兒克萊兒的炫富

2012 年 12 月，彭博社報導王軍的女兒王京京在澳洲受教育，她在商業文件中提供的住家地址是一間位於香港的、價值 700 萬美元的公寓，中信公司擁有部分產權。王京京的女兒，21 歲的克萊兒（Clare Wang），在社群媒體網站上鉅細靡遺地記錄著她的生活，從她曾經就讀的瑞士住宿學校到機場的商務艙貴賓休息室。她在 2012 年 8 月 24 日貼在網站上的「今日最美」（look of the day）的主題圖片有迪奧（Lady Dior）手提包、一雙華倫天奴（Valentino）金鉚釘鞋和亞歷山大麥昆（Alexander McQueen）手鍊。這些物品全部價格約 5000 美元，比一個普通北京工人半年的工資還多。

彭博社說，王震的曾孫女，克萊兒王在社交媒體上大談她生活中種種她覺得值得炫耀的事物：晚上趕著做她在悉尼大學建築課上的設計項目、在日本的溫泉酒店度假、21 歲生日的新圍巾、她把頭髮染成了寶

藍色。

2012 年 2 月，克萊兒上傳了一張和影星成龍的照片，她說這是在她的繪畫展上所攝。當彭博社電話聯繫克萊兒時，她不願意接受採訪。她在電子郵件上說，她尊重她的曾祖父，而沒有回答其他問題。

2012 年 12 月 6 日，克萊兒發了條微博，秀她新修的指甲。同一天，公司文件披露，深圳寶德尊投資有限公司迎來了新任董事長，這家公司部分持有她母親王京京的在線支付公司的股票，而這位新任董事長叫王吉湘，就是克萊兒的中文名字。

中共太孫黨

# 第六章

# 陳雲家族

陳雲是鄧小平主政時期的「中共八大元老」之一，地位和權力僅次於鄧小平。圖為 1995 年資料照。（AFP）

第一節

# 子女一人當官 其餘下海發財

　　陳雲（1905 年 6 月 13 日至 1995 年 4 月 10 日），文革前曾任中共國務院副總理，主持財經工作。1987 年任中共中央顧問委員會主任，鄧小平主政時期的「中共八大元老」之一，是地位和權力僅次於鄧小平的第二號「婆婆」。

　　陳雲與妻子于若木共有五名子女：1942 年出生的女兒陳偉力；1945 年 1 月出生的兒子陳元，1947 年出生的女兒陳偉華，1949 年出生的女兒陳偉蘭，和最小的兒子陳方。陳家最出名的太子黨是長子陳元。1970 年代末，最先提出來要培養紅二代的就是陳元。為了「永保江山代代紅」，陳元提出，要從現在開始培養自己的「子弟兵」，只有把政權交給自己的子女，中共才能放心，因為只有自己的孩子才不會像文革那樣起來造反，才能保證自己死後不被掘墳鞭屍。不過為了避免窩裡鬥，自相殘殺，為了搞平衡，陳元向鄧小平建議，每戶中共高官家庭只能有一個子女從政當官，其他的就下海經商。這樣做到家家滿意。陳雲

家族從政的就是長子陳元。

在單獨介紹陳元之前，我們先講述陳家其他子女的故事。

## 陳偉力――保守派的子女也下海發財

陳偉力，陳雲長女，現年 71 歲。中國科技大學本科學歷，1965 年畢業後任中國科學院物理研究所助理研究員，從事磁性材料的研究工作。曾到美國斯坦福大學作訪問學者，後擔任中國新技術創業投資公司副總經理，中國國際技術智力合作公司總經理兼黨委書記，浙江省愛心事業基金會理事長、法定代表人。

陳偉力曾於 80 年代初期到美國加州史丹福大學攻讀經濟學學位。在美國鍍了幾年金後，返回北京，與合夥人共同從政府機構和國家科委「籌集」2700 多萬元貸款，創辦了一家「中國創業技術投資公司」。該公司名義上是科技投資，但公司運作模式十分神祕。在鄧小平藉1992 年南巡掀起中國大陸第二輪「全民經商熱」之前，這間公司也極少曝光，更不為海外所知。於是，1992 年以後，陳偉力就給人以突然在商海崛起的印象，並很快與鄧小平的兒子鄧質方、王震的兒子王軍等人並駕齊驅、共同致富。

陳偉力手下的商業集團在香港大肆併購上市公司，立刻引起外界議論紛紛：「原來只知道中共『改革派』的子女搞官倒，如今怎麼『保守派』的後代也加入了大幹資本主義的行列？」

## 陳偉華――不願當官的中學老師

陳偉華，陳雲次女，1947 年生。她是中共太子黨中少有的不願當

官發財的人，退休前還是中學老師。

1981 年初，陳偉華大學本科畢業時，班裡有的同學被分配到中學教書，她卻被分配至國家勞動人事部。1984 年，陳偉華被中共中組部指名選調到國家廣播電視部任整黨工作組成員。按照慣例，整黨結束後她就能留在該單位「充實領導班子」，當時這樣曲線升官的太子黨大有人在。然而陳偉華在整黨結束後，卻出人意料地拒絕了組織對她的「栽培」，堅持調到自己的母校：北京師範大學實驗中學，擔任了一名普通的歷史教師。

北京師範大學實驗中學原名師大女附中，1966 年，19 歲的陳偉華剛剛從這所學校畢業便趕上了文革，當時她父親是最大的右傾機會主義分子。好不容易她才被分至北京郊區懷柔縣，在地處半山區的辛營公社當了一名鄉村女教師。

與所有兄妹相比，陳偉華的生活經歷最為坎坷。1968 年剛剛到鄉下時，生活非常不習慣，在窗子上沒有玻璃的鄉村小學教室裡，陳偉華時刻惦念著親人，於是踏上了回北京的長途公共汽車。沒想到父親見到她的第一句話是：「妳怎麼這麼快就回來了？」第二天，陳偉華便返回鄉村。從那以後，她學會了上山砍柴，下田割麥，也學會了用柴火燒炕灶，用玉米麵貼餅子。

在這期間，當地一個年輕的生產隊長對她十分同情，常常保護她並照顧她的生活，於是，陳偉華便嫁給了這個生產隊長。1977 年大陸恢復高考制度，陳偉華如願考進了北京師範大學歷史系。

回北京後，因為那位生產隊長無論從門第、知識水準等各方面都與陳偉華相去甚遠。說那個樸實過頭的小夥子送妻子回北京，一看接他的紅旗轎車比他們生產隊裡的拖拉機還長出一大截，死活不敢上去，藉故上廁所，返回車站買了回程票。後來，中共中央辦公廳派人去鄉下幫助

這小夥子解決了一些生活上的問題，由陳雲自家裡出錢給小夥子的二老修了幾間大瓦房，兩家的親緣也就這樣「好合好散」了。

陳偉華大學讀書期間再婚並懷孕，這在當時非常特殊。她在讀書期間懷孕生子，卻沒有因為請產假留級，這在當時已經是中共高幹子女特殊化的典型表現了。陳偉華的另一「特殊化」表現是：她的畢業論文是關於中共黨史方面的。她為此到系裡請祕書開證明到中共中央檔案館等機要部門查資料，系祕書一聽她前往的單位名稱即嚇得不敢動筆，忙不迭地逐級向上請示。

陳偉華一直當中學老師，當時在北京高官圈子裡，人們都說，「如今的高幹子女裡，恐怕也只有陳雲的這一個孩子還能『出污泥而不染』了。」然而 80 年代中後期，堅持不要當官的陳偉華還是被選拔為實驗中學副校長（副縣團級），據稱她從來不管學校事務，繼續做歷史課教師和班主任工作。不過，她曾任北京市第九屆、第十屆政協委員。

## 陳偉蘭——低調的副部級女官

陳偉蘭，陳雲三女，1949 年生。據說是陳家五個子女中對外曝光最少的一個。上海青浦人，漢族，中共黨員，大學學歷。

陳偉華甘於做一名中學教師而不願涉足官場招惹是非，但畢竟還接受過大陸記者的採訪，曾在《中國婦女》之類的刊物上出鏡；弟弟陳方在商場上雖遠不如大姐陳偉力的知名度打得響，但至少大陸公開報導陳雲生平的文章中對這個小兒子有所提及。唯獨小女兒，就連與陳元十分接近的人士都只能說出其名叫偉蘭，大學畢業後也是轉了幾個單位才調進中共中組部青年幹部局工作，具體負責青年幹部培訓中心的業務。

2000 年 11 月至 2009 年 5 月，陳偉蘭任中共國家行政學院黨委委員、

副院長（副部長級），分管培訓和信息技術等工作。2008 年 3 月任 11 屆中共全國人大常委、華僑委員會委員。

## 陳方——宋任窮女兒宋珍珍之夫

　　有熟悉陳雲家世的人透露，陳方曾經在中共海軍服役，退役後既不熱中「科學興國」，亦對宦海遨遊不感興趣。轉換了幾家單位後，在惠州地區從事房地產生意。但也有人說陳方在惠州地區的生意並非「私營」，而是官辦宋慶齡基金會的下屬公司。還有人說，陳方曾在廣東中山實業公司當經理。

　　陳雲五個子女在婚姻選擇上可謂各有所求，而從政治角度稱得上「門當戶對」的只有陳方一個。陳方的妻子是中共八大元老之一的宋任窮的女兒宋珍珍。中共黨史界曾有傳聞說，宋任窮的妻子鍾月林是陳雲的前妻。事實上，陳、鍾在 30 年代初期只是有過一段戀人關係，並未結婚。當時，因為陳雲奉派蘇聯，與參加了長征的鍾月林失去了聯繫，鍾氏才嫁給了紅一軍團政委宋任窮。

　　宋任窮「文革」中遭迫害，復出後即被陳雲竭力舉薦，先是出任中共中央組織部長，後在陳雲手下擔任中共中央顧問委員會副主任。陳方與宋珍珍結婚後不久，宋珍珍即到美國留學，畢業後長期滯留美國加州安居樂業。1980 年左右，宋珍珍曾為陳方聯繫了美國某大學的獎學金，但陳方卻放棄了這一機會。有傳說是陳雲不准他前往，也傳說是陳方自己不願到美國受「洋插隊」之苦。很長一段時間，陳方和宋珍珍都天各一方。

## 第二節

# 陳元——扶持薄熙來的大金庫

陳元 2013 年 4 月高調捧江澤民，祭薄一波，隨後被踢出國開行要職。（Getty images）

　　大陸官方簡歷稱，陳元 1970 年畢業於清華大學，1981 年畢業於中國社會科學院研究生院工業經濟專業，獲碩士學位。中國開發性金融業的開拓者和先行者，被西方譽「最有現代金融理念的銀行家」。歷任中共北京市西城區區委書記，北京市委常委、商貿局局長兼市體制改革委員會常務副主任，中國人民銀行黨組副書記、副行長等職，後為國家開發銀行黨委書記、行長，系 16 屆中共中央候補委員，受聘為中國人民銀行研究生部碩士研究生導師，北京大學、清華大學、中國人民大學、上海交通大學兼職教授，並出任美國國際經濟研究所理事、國際清算銀行穩定金融學院顧問委員會成員、荷蘭國際集團顧問委員會成員。2010 年 CCTV 中國經濟年度人物。

　　不過，官方沒有介紹的是，1980 年代，陳元在任北京西城區長時，

政績並不好，但他還是被提升為人民銀行副行長。在人民銀行他的業績也很差，連銀行內部選黨代會代表都落選了，即便是這樣，他仍然能夠被調到開發銀行擔任行長。也就是說，陳元的飛黃騰達，可說是中共太子黨特權的展現。

中共官方更不敢介紹的是，陳元一直是鼎力支持薄熙來的太子黨，他把持的國家銀行系統為薄輸送了大量資金，而且在薄倒台後還公開與胡溫習叫板。

陳元曾長期擔任國家開發銀行董事長，其父陳雲與薄熙來的父親薄一波戰爭年代便是「親密戰友」。在開發西部的口號下，薄熙來大搞「重慶模式」，得到陳元的大力支持。

2012 年 4 月 10 日薄熙來下台後，陳元為薄熙來的「重慶模式」充當「財神爺」，公開為重慶注入大量資金，而且薄熙來的兒子薄瓜瓜和陳元的女兒陳曉丹一度是戀人關係，差點結婚。不過陳家消息靈通，薄在受到中紀委暗中調查時，陳曉丹就與薄瓜瓜分手了。

2008 年 7 月，薄熙來提出所謂建設「五個重慶」，涉及總投資近一萬億元，與此目標相應的是巨額財政支出與大量貸款投放。僅 2010 到 2011 兩年間，重慶市的固定資產投資額就超過 1.45 萬億元，而同期，重慶市地方財政收入加上中央補助不到 8000 億元。可以說，固定資產投資中的絕大部分都來自於銀行貸款或私人。

據統計，國開行年報中與重慶基礎設施相關的貸款投放數據為：2010 年，支持重慶「二環八射」項目建設的貸款餘額為人民幣 337.39億元人民幣，對項目的累計承諾貸款達 506.83 億元；2009 年，為支持重慶輕軌三號、六號線項目承諾的貸款為人民幣 111.9 億元。而重慶商業銀行報表顯示，國開行在重慶地方融資平台中的貸款總計質押股份達7 億 1523 萬股。重慶從國開行獲得的支持力度，是其他省級政府都不

可能獲得的。

　　重慶是直轄市，據市政府資料顯示，其旗下主要有八大政府融資平台，各家平台公司目前的負債率都超過70％或者更高。截至2010年底，總債務規模超過3000億。到了2012年2月末，重慶市中長期貸款中的單位固定資產貸款餘額高達5416.6億元。如果沒有後續資金的繼續支持，重慶資金鏈隨時可能斷裂。

　　重慶市審計局2010年的審計報告顯示，市所轄40個區縣2010年末的政府性債務餘額為2159億元，其中政府負有直接償還責任的占83％；舉債主體中，融資平台公司債務達1581億，占比73％。報告稱，有11個區縣的債務率高於100％，償債率高於20％，償債壓力較大，債務風險較高。

## 重慶恐是第一個破產地方政府

　　2013年7月28日，中共審計署網站發布消息顯示，根據中共國務院要求，審計署將組織全中國審計機關對政府性債務進行審計。而此時，山東濟南檢察院已對薄熙來提出公訴。有分析稱，重慶將是中共破產的第一個地方政府。薄熙來當年力推政府大投資，標榜重慶每年經濟增長率高達16％，但重慶財政也因此欠下龐大債務，據稱是個天文數字。國務院審計發現，重慶面臨破產，薄案又添一把火。

　　據港媒報導，在薄熙來之後李克強入遼寧，了解到許多薄熙來的醜聞，有些聽起來是罪當槍斃的大案。李克強曾派人前往大連，悄悄調查薄熙來。一名與薄熙來關係特別密切的黑社會「大佬」，被李克強派人騙到瀋陽問話。經過一嚇二詐，這位「大佬」和盤托出了他所知道的薄熙來的罪證。李克強後來不動聲色地釋放了那位「大佬」，囑咐他不得

向任何人透露曾經被找去談話。

李克強手握薄熙來的第一手「黑材料」進京,後來進入中共政治局常委會。他深知薄熙來底細,不肯支援薄熙來的「重慶模式」,更反對其晉升政治局常委。有媒體報導,李克強後來將薄熙來當年違法亂紀的材料交給了中紀委。

中共中紀委收到的舉報材料還有重慶市公安局的內部投訴等,說是薄、王為了渲染打黑成績,把一些與黑社會無關的普通刑事案件統統算作黑社會案件,而這些都是王立軍根據薄熙來的指令一手操辦的。

## 陳元「捧江祭薄」被踢出國開銀行

2013 年 4 月 10 日,陳元突然高調在《人民日報》撰文吹捧江澤民,第二天財新網引用多位國開行內部人士消息稱,陳元將被撤職,五天後的 4 月 15 日,中共喉舌新華網電報交通銀行公告,宣布胡懷邦請辭交行董事長之職當日生效。報導稱,曾在多種金融機構任職的胡懷邦將執掌國家開發銀行,這等於官方間接證實陳元被解除國開行職位。

中共官方資料顯示,國開行是中國第五大銀行,2012 年末資產總額達 7.37 萬億元,交行為中國第六大銀行,2012 年末資產總額 5.27 萬億元。陳元在 2013 年中共「兩會」後成為政協副主席,這次其國開行實權被解除,被認為是中南海「明給面子、暗中打擊」的舉動。政協副主席雖屬「國家領導人」,但遠不如開發銀行董事長實惠。

外界分析,陳元丟掉這個位子,不僅會失去巨大的經濟利益,因其擔任國家開發銀行行長多年肯定有許多不可告人的「祕密」,離開後他的繼任者可能將這些祕密的「蓋子」揭開,這對於陳元來說不啻為滅頂之災。於是,困獸猶鬥,垂死掙扎,才有了陳元 4 月頂風作案,藉重溫

1993 年江澤民的講話來捧江。

　　類似情況還出現在中石油原董事長蔣潔敏身上。長期被周永康控制的中石油，一直是中共政法委維穩系統高壓鎮壓的「黑金庫」之一。為了查處周永康在中石油的貪腐證據，蔣潔敏被「高升」到中石油的上級主管單位「國資委」當主任。

　　類似的手法也體現在政治局七位常委的任命中。表面上，江派看似用張德江、張高麗、劉雲山把李源潮、汪洋等人趕出了常委，但不到四個月人們就發現，江派是「贏了面子、輸了裡子」，這些江派人物只是成了「印象派」，徒有虛名而沒多少實權，實權都被胡錦濤的團派和習近平陣營的人瓜分架空了。比如，李源潮最後替代劉雲山成為國家副主席，而且有資格出席和旁聽政治局常委會議，還有投票表決權。

　　外界分析，這種「外表柔順、實際強硬」的作風，「放棄虛名、直取實權」的做法，不但具有強烈的「胡錦濤風格」，也有「習近平色彩」，這是胡習聯盟的結果，至少面子上給對方足夠的空間，「先禮後兵」，「息事寧人」。不過，走在絕路上的江派人馬卻不領情，不斷跳出來鬧事，陳元就是其中一例。

第三節

# 陳小欣做成「不可能的交易」

　　陳元兒子陳小欣，又叫 Charles，1983 年出生，在美國麻省康科特中學（Concord Academy）畢業後，進入康乃爾大學，隨後進入斯坦福大學獲得 MBA 學位。爾後在香港花旗工作，然後進入私募股權公司、著名的東亞對沖基金「盤實基金」（ABAX）工作。

　　紐約 Wallachbeth 資本有限責任公司董事總經理葉米・奧薛迪（Yemi Oshodi）曾告訴客戶，可以賭 2011 年哈爾濱電機公司收購案不會成功。該收購由開發行提供四億美元貸款的財務支援。

　　奧薛迪不相信銀行會提供這筆資金，因為對這家美國上市的中國電機馬達公司的收購價太高。哈爾濱電機股價在 2011 年 6 月份曾在一天內下跌 50％以上，當時它受到短線操盤手阻擊。

　　但這筆交易成交了。收購案的買者之一便是「盤實基金」，而陳元的兒子陳小欣在其中扮演了重要角色。

　　據港媒報導，「美國方面查出，1996 年，大陸銀行曾通過各種管道，

將 9000 多萬美元匯入洛杉磯遠東國家銀行。時任該華資銀行資深副總裁的徐南南，同中國開發銀行行長陳元關係密切，在她經手的千萬美元當中，美方查出有 20 多萬美元用在了陳元的兒子身上，陳元的兒子就讀康乃爾大學時，徐南南一次就拿出 4 萬 6000 美元幫他交學費。」

2012 年 12 月 26 日美國彭博新聞社披露了中共八大元老的家族利益網，其中透露陳雲還有個孫子叫 Dong Wei（董巍），文章說，「薄一波兒子薄熙成曾在王震兒子王軍任董事長的中信集團的分支任獨立董事。薄熙成曾在陳雲孫子 Dong Wei 任經理的金港信託任獨立董事。陳雲兒子陳方的投資公司 2009 年在薄熙來主政的重慶簽了一筆 48 億美元的融資交易。薄一波孫子薄瓜瓜同陳雲孫女（陳元女兒）曾一道到西藏旅遊。薄熙成和宋任窮兒子宋克荒都是扶貧協會的副會長。李先念的女兒李紫陽（劉亞洲的妻子李小林的姐姐）2012 年 11 月去世，薄熙成為葬禮送花圈。」

2011 年 4 月，紐約海明律師發帖《驚爆：太子黨薄瓜瓜陳曉丹都擁有美國綠卡》，帖子說：「最近，我委託一位在曼哈頓 26 Federal Plaza 上班的 ICE Agent 去查查兩人的移民身分。調查結果是：兩人均有美國綠卡。我這裡暫且不公布他們的綠卡號碼。」

# 第四節

# 陳曉丹——最美「紅三代」

陳曉丹與薄瓜瓜 2010 年同遊
西藏時享受特級待遇，全程
警車開路，浪費公共資源。

　　2013 年 4 月 15 日，陳元被解除國開行董事長職位。此前一周，香港黨媒鳳凰網曾曝光一組陳元女兒陳曉丹在 2006 年參加「克利翁名媛舞會」的奢華照片。

　　鳳凰網 4 月 7 日發表標題《時尚名媛：陳雲孫女陳曉丹華麗蛻變》的報導稱：該如何介紹她（陳曉丹）呢？鄧小平時代「二號人物」陳雲孫女、國家發展開發銀行董事長陳元千金、最美「紅三代」、「舞會名媛、哈佛高材生」……。文章曝光了陳曉丹的系列奢華照片。

　　陳曉丹是陳元第一任妻子所生，1987 年出生，她和薄瓜瓜同齡，而且兩人都是很小就出國了，陳曉丹高中就讀於美國麻省 Tabor Academy，本科就讀於美國杜克大學經濟系，畢業後任職於摩根士坦利（Morgan Stanley）紐約總部擔任金融分析師，三年後考入美國哈佛大學商學院，取得 MBA 文憑，曾在紐約的摩根士坦利工作。2012 年來自倫敦的私募基金公司帕米拉諮詢公司（Permira Advisers LLP）聘請她在

香港任職。巧合的是，Permira 公司 2011 年與由陳元掌管的中國國家開發銀行簽訂合作協定。兩家公司同意尋求在中國的投資機會，並協助中國企業在歐洲擴張。

「陳曉丹的受雇並不存在利益衝突，如果出現衝突，公司將按照投資者的最佳利益進行管理。」總部設在倫敦的 Permira 公司發言人以電子郵件回答彭博社提問，而陳曉丹並沒有回覆打到她辦公室的電話。

12 月 14 日，國開行的傳真回覆稱，「該銀行尚未與 Permira 公司開展任何業務，且陳曉丹才到職不過短短一個月，她不可能涉及什麼構成利益衝突的業務活動。」

不過陳曉丹的出名，倒不是因為她的學歷，她出名一是因為名媛舞會，二是因為薄瓜瓜。

文章披露，陳曉丹 2006 年成為繼萬寶寶之後第二位參加巴黎克利翁舞會的中國女子，並成為當日的首位開場舞者。名媛舞會只是陳曉丹神祕東方魅力「蔓延」的開始，兩年後的 2008 年，她應邀為《紐約時報》拍攝時尚寫真。

「克利翁名媛舞會」是巴黎社交季唯一一個向全世界開放的貴族舞會，有資格參加「名門千金舞會」的小姐年齡必須在 17 至 21 歲之間；漂亮且身材苗條；出身可圈可點的名門望族。

## 陳曉丹與薄瓜瓜同遊西藏 警車開路

薄熙來事件爆發前後，薄熙來之子瓜瓜與陳曉丹談戀愛的照片也在網路上瘋傳。

陳曉丹在哈佛期間與薄瓜瓜是戀人。兩人同為 23 歲，均畢業於英美頂級名校。照片顯示，兩人 2010 年夏天甜蜜同遊西藏時享受特級待

遇，全程有警車開路，浪費公共資源。在數十張照片中，薄瓜瓜攬著女友陳曉丹合照，還有一張是身穿短裙、黑色貼身褲的陳曉丹坐在欄杆，薄欲背她的情況。

有眼尖的網民發現，陳曉丹的右手無名指戴著戒指，未知二人是否已訂婚，或只是年輕女孩帶著好玩。

2012 年 2 月，薄熙來事件發生的前夕，即 2012 年 2 月有大陸媒體稱，薄瓜瓜在哈佛大學的同學證實，兩人幾個月前已經分手。對此，有人說：「不得不說，陳大小姐家族消息靈通。」因為早在 2011 年底，中共中紀委就已在調查薄熙來。

2013 年 7 月 22 日，中共喉舌人民網、新華網等同時轉載了《黨史博覽》一篇題為《陳雲反對判江青死刑：黨內鬥爭不能開殺戒》的文章。該文披露說：審判「四人幫」前，中央政治局開會討論，許多中共黨員主張判江青死刑。陳雲說：「不能殺，同『四人幫』的鬥爭終究是一次黨內鬥爭。」有人說：「黨內鬥爭也可以殺。」陳雲說：「黨內鬥爭不能開殺戒，否則後代不好辦。」

華府的中國問題專家石藏山說，如今在前台為江派站台的劉雲山操控官媒，在公訴薄熙來前夕轉載上面這篇文章，無疑是在警告習近平千萬不能破了這個先例，不能判薄熙來死刑，最多也只能判個死緩。

沒想到陳雲在死後都還幫了薄一波大忙，讓薄家老三逃脫了死刑。

關於薄一波家族，由於薄熙來、薄谷開來、薄瓜瓜太有名也太特殊，《新紀元》將出版專門的書籍，談「日薄西山」或「日出西山」的這家人。《薄家藏在海外的祕密》將揭示很多鮮為人知的薄一波家族對太孫黨的謀篇布局。

中共太孫黨

## 第七章

# 李先念家族

李先念 1984 年舊照。（AFP）

第一節

# 政壇不倒翁 很會「跟人」

　　在中共最有名的幾大家族中，李先念家族並不太顯眼，但在中共歷次殘酷的政治鬥爭中，李家卻都順風順水地過來了，最後都成了「勝利者」，有分析認為，這得益於李先念家族很會「跟人」。李先念曾連續五屆擔任中央政治局委員，在常態化的中共黨內殘酷鬥爭中，這不得不讓人驚奇。

　　1909 年出生於湖北黃安的李先念曾是木匠，1927 年加入中共。1931 年後，他歷任中共紅四方面軍 33 團政委、11 師政委、30 軍政委等職，是中共鄂豫皖和川陝根據地的中共高級領導人。1935 年參加長征；並於 1937 年隨西路軍西征，失敗後逃回延安。後任新四軍豫鄂挺進縱隊司令員、中共中央中原軍區司令員等職；國共內戰後期，曾協助劉伯承、鄧小平。

　　在中共起家早期，李先念「識時務」的能力就「出類拔萃」。1935年，紅四方面軍南下川康邊期間，當張國燾和毛澤東就「南下」還是「北

上」發生尖銳衝突時，年僅 25 歲的李先念拋棄了張國燾，最先遣軍與
紅二方面軍一道北上，在政治上率先站在毛澤東一邊，獲得毛的信任。

「文革」早期，李先念緊跟周恩來，未受大的波及，「文革」後期，
他又緊跟主持中共國務院日常工作的鄧小平，保障了他在鄧小平時代的
影響力。1989 年「六四」事件中，李先念力挺鄧小平，打倒了時任中
共總書記的趙紫陽，扶持江澤民上台。

作為極左人物的李先念，極力反對改革開放，因不便公開反對鄧小
平，於是李先念把攻擊目標指向改革派人物趙紫陽。趙紫陽在《改革歷
程》一書中回憶李先念對他的反對，不僅是觀點上的分歧，而且表現出
的是一種仇恨。

對於李先念仇恨趙紫陽，哈佛大學政府系教授馬若德（又譯名：
麥克法夸爾）分析了李先念的性格和野心，隨著華國鋒在毛澤東晚年的
崛起，李先念也成為僅次於華國鋒的國務院副總理，但隨著華國鋒的失
勢，原本要升任國務院總理的李先念卻被鄧小平看中的改革派人物趙紫
陽取代，而李先念只是被安排為「國家主席這種安撫性的位置」。因此
李先念要把趙紫陽拉下馬，甚至提出要把趙紫陽的中央委員也取消。在
「六四」事件中，李先念主張武力鎮壓學生和市民。

第二節

# 女兒李紫陽 兒子李平

　　李先念共有四個子女，三女一男。長女李勁是和前妻尚小平所生。1949 年，李先念和林佳楣（中國女醫師協會名譽會長）結婚，又生育了三個孩子，分別是二女兒李紫陽（中國女醫師協會副會長）、兒子李平（北京軍區副參謀長，少將軍銜）和小女兒李小林（中國對外友好協會常務副會長，丈夫劉亞洲是國防大學政委）。

　　1950 年出生的李紫陽，一直從醫，官媒介紹說，李紫陽 1968 年 6 月在北京入伍，1975 年任空軍北京醫院軍醫，1987 年提為空軍北京醫院特診科主治醫師，1990 年調任 305 醫院檢驗科副主任醫師。1999 年退休。2012 年 11 月 2 日，李紫陽在北京因病過世，享年 62 歲。

　　據說當年李紫陽的丈夫在中信集團經商，李先念就跟他談了話，希望他退出，後來他就調出來了。「我們家就再也沒有經商的人了。」李紫陽說，這也許是李先念家比較有特點的地方。

　　不過雖然沒有子女經商，但李家的幾個子女在各自的仕途上卻是一

帆風順。既有將軍兒子，還有副部級女兒，更有上將女婿。這裡面多少是沾了李先念的光，這就是太子黨心知肚明的事了。

據《大事件》報導，李先念的兒子叫李平。北海航空兵副司令員也叫李平，於是有人誤以為是李先念之子。

李先念的兒子李平，1952 年出生。16 歲參軍，1977 年從北京外語學院畢業後到中共軍隊工作，後又到軍事科學院、中共駐澳洲使館、總參機關等單位工作，1998 年 5 月任北京軍區後勤部副政治委員，2002 年 7 月任第 24 集團軍副軍長；2006 年 9 月任天津警備區副司令員，後任北京軍區副參謀長，少將軍銜。

一向低調的李平極少和媒體打交道，他在拍攝文獻電視專題片《李先念》時，才首次在電視上亮相。李平對父親的評價很簡單：「父親這一輩子，用兩個字就可以概括：忠誠。」不過這句話並不真實，因為李先念先後變換跟隨了很多人，並不忠誠。

「父親去世前不久還對我說過，當年張國燾在紅四方面軍搞肅反，我爸爸的親哥哥被當做壞人拉出去槍斃，當時拉他的時候，他對我爸爸使勁地擠眼，意思是讓我爸爸不要和他相認，假裝不認識，當時如果認了，恐怕連他也一塊拉出去斃了。」言外之意，李先念為了自保，連哥哥都不認了。

## 第三節

# 李小林——
# 副部長級別的友協副主席

李先念女兒、對外友好協會會長
李小林。（新紀元資料室）

　　李家「最有出息」的是 1953 年出生的李小林，也就是李家最小的
女兒，在李先念 44 歲時才出生的。

　　李小林回憶說，媽媽對自己管得很嚴，比如放學後必須馬上回家，
不能在路上停留；到點吃飯，到點睡覺；不准隨意串門等等。而爸爸則
寬鬆得多。「那時候，媽媽每個月一發工資就要給孩子們每人兩元零花
錢，我們可以去買零食和自己喜歡的小東西。但爸爸經常多給錢，有時
五元、十元，我們都喜歡媽媽給錢時爸爸在旁邊。」當時李先念是中共
財政部部長，不過他卻分不清不同面值的紙幣，因為他從不花錢買東
西，也就不認得錢了。

　　對於小女兒李小林，李先念曾有過一個很經典的評價。一次，他在接見美國亨利‧路斯基金會會長時，外賓問他：「你是怎麼培養你這個女兒的？」李先念說：「我這個女兒從來不聽我的話，她的成長完全是獨立的。」

　　李小林從小興趣廣泛，一會兒學畫畫，一會兒學跳舞。15歲住了一回院，就又動了當護士的心思，兩年後又喜歡上外語，上了武漢大學外語系英文專業。由於是「紅色公主」，想要什麼就能得到什麼。對女兒的選擇，李先念只說了一句話：「不管妳幹什麼，能堅持就好，千萬別學小貓釣魚，最後什麼事也幹不成。」

　　1968年文革時，15歲的李小林參軍到了蘭州，這是當時年輕人最好的去處。1972年到1975年，李小林被選送到武漢大學外語系學習，畢業後進入了中國人民對外友好協會工作，成為一名翻譯。1982年，李小林遠赴美國加州大學洛杉磯分校攻讀美國歷史，並獲碩士學位。畢業後，她選擇了回中國當官。

　　就讀武漢大學時，李小林讀的是外文系，而劉亞洲在中文系學習。一個偶然的機會兩人相識。他倆有一個共同的愛好——文學。劉亞洲很欣賞李小林的才華，認為她是一位不可多得的才女；李小林也看到了劉亞洲的潛質，認為他一定會有所成就。

　　談到當初擇偶的條件時，李小林回憶說：「我選擇愛人的條件非常簡單，一是年齡要比我大，二是不抽煙，三是對我好，就這麼三個條件。」「我這人最討厭抽煙的人。在我媽媽的反對下，我爸爸後來也不抽了，我媽媽是醫生，所以，影響得我也不喜歡和抽煙的人在一起。」

　　當時劉亞洲還沒有發表過什麼有影響的作品，為此他在約會中向李小林傾吐了一個祕密：要寫一部書送給自己的意中人。一年之後，長篇小說《陳勝》出版，他用稿酬買了一輛鳳凰牌自行車，連書送給

了李小林。

幾天之後，李小林的回覆讓他深感失望和不安：「自行車不錯，很好騎。可書不能讀 10 頁以上。出版一本書和出版一本好書是有極大區別的……」

劉亞洲不禁為這尖刻的評價而惱怒，繼而他明白自己找到了真正的知音。這一次的交鋒，倒使他們之間的感情升格了。此後他寫了許多篇報告文學，出版了許多部長篇小說。大學畢業後，兩人結婚了。

婚後不久，李小林遠度重洋到美國求學，夫妻間鴻雁傳書。這時，劉亞洲已發表了一系列引起社會強烈反響的作品。

遠在美國留學的李小林，卻從大洋彼岸寄給他一封長信，詳盡地敘述了她讀了他新近出版的描寫台灣社會生活的長篇小說《大山母山別墅》的意見，最後鄭重地希望他「不要過高地估計自己，要清醒」。

據說李先念對女兒戀愛的要求是：「你們可以好，但結婚登記之前絕不可以在外面亂來！」又說：「結婚以後妳必須要負責任，結婚我支持，離婚我反對。」李小林當了媽媽以後，把兒子帶到三歲就託給了家人，自己則天天在外面忙工作。對這事，李先念也一直有意見，直到最後還在批評女兒：「生了孩子妳又不好好管，這是不負責任的表現！」

李小林說自己的婚姻不是那種夫唱婦隨格式，「他喜歡寫作，我喜歡旅遊；他喜歡吃麵，我喜歡吃米；他喜歡大山，我喜歡大海，很多東西不一樣。」在上海復旦大學讀書的兒子曾說她自私，為別人付出很難。

1982 年李小林從美國學成歸來重回友協。2011 年 9 月，李小林成為中國人民對外友好協會自 1954 年成立以來第一位女會長，但其知名度遠遜丈夫劉亞洲。

## 李小林留學後發現被黨騙

2012 年 5 月 5 日，李小林接受鳳凰衛視節目《問答神州》的專訪，當主持人問到李小林對於美國的印象的問題時，李小林說：「我們小時候所受的這種教育是越南戰爭，再往前是朝鮮戰爭，就覺得美國人很殘忍。」她表示，自己是通過朝鮮戰爭和越南戰爭來了解美國，以為美國人都長得「青面獠牙」，都是「美國大兵」。但在 1975 年開始接觸美國普通老百姓時，「覺得不像我們所看到的宣傳那個樣子，他們非常善良、有禮貌、有教養。」她在美國加州大學洛杉磯分校進修時，通過自己的所見所聞，完全改變了之前對美國的看法。

這裡，作為「紅二代」的李小林，講出了一個難以掩飾的事實，那就是，中共靠彌天大謊歪曲歷史、顛倒是非。在大陸，人們從小就被教育，美國是帝國主義，牛奶寧願倒進大海也不給窮人吃。看的都是一些篡改歷史、歪曲事實影片，如《上甘嶺》等。

李小林在專訪中提到，東方的文化裡邊永遠是「Leaders first」，就是領導總是走前面，但是西方呢，是「Lady first」，女士走在前面。她說，這就說明兩種文化是不一樣的。新疆克拉瑪依大火，老師叫孩子們「讓領導先走」，結果大批孩子被燒死。在西方，那種尊重人、而不是尊重官位的社會，才是人類應有的社會。

據說李小林的性格是「小事裝糊塗，大事嚴要求」，她曾說：人生在不同的階段有不同的追求，20 歲至 30 歲追求知識；30 歲至 40 歲追求價值；40 歲至 50 歲追求業績；50 歲至 60 歲追求健康；60 歲之後追求穩定。她說自己對家庭所欠太多，「也許到晚年，我們才能坐下來享受一下二人世界和天倫之樂吧！」

80 年代初，劉亞洲借給空軍報社的羅軍兩盤錄像帶，結果羅軍等

人用錄像引誘女孩從事流氓活動，劉亞洲被連帶受黨內嚴重警告處分，行政職務由正營職降到副營職，第二天他便賭氣般的開始寫長篇小說《兩代風流》。他不循官場規則，敢於把自己寫的日記、部隊發表的講話、軍中歷史內幕、上遞高層的論文在網上公開。他不但行文大膽，對私事也罕見地坦率，他把悼念父親的日記公開，寫部下花三萬塊錢為他喜歡手錶的父親戴上，他卻愧咎自己沒有把港台朋友送的數塊好錶送給父親，而是一直扔在櫃子裡。

80年代，劉亞洲總是騎一輛「哪兒都響，就鈴兒不響」的破自行車，往返於中南海與空軍大院之間。自行車後架上總掛著一個白帆布包，包裡裝得鼓鼓囊囊，人亦不修邊幅，乍一看以為是木工。那時他正在降職處分中，李家的一些人也看他不順眼。但他沒有氣餒，而是鎖住眉頭、咬住牙關，以下蹲之勢試圖待機彈跳得更高。

進入紅牆的劉亞洲，得到了非比尋常的視野和非同一般的資訊。那裡是中共政治的心臟，其起博跳動的景狀，他或多或少捕捉得到。

## 第四節

# 劉亞洲：敢言的中共上將

李先念女婿劉亞洲（中）和劉源是習近平在軍內「倚重」的人，「一習二劉」的說法在很早以前就已傳得沸沸揚揚。

中共軍中素有太子黨「文刀三點水」的說法：所謂三點水，指的是軍內三位劉姓將軍，其名字裡都有「水」的偏旁，他們是劉源、劉曉江和劉亞洲。而文刀，除了指他們的姓是簡體字的「刘」之外，還暗喻他們都是軍內舞文弄筆的文職官員，而現在這三人都成為了上將。

2012 年 7 月 30 日，中共軍委在北京八一大樓舉行晉升上將軍銜警銜儀式，軍委主席胡錦濤頒發了命令狀，軍委副主席習近平宣讀了命令書。在這次晉升上將的六人中，最引人注目的是劉亞洲。倒不是因為他在網路很出名，而是因為他在 2003 年就升為中將，按理說，四年後的 2007 年就有資格升為上將，但由於當時胡錦濤不同意，直到習近平上位前，劉亞洲這位敢言的太子黨才在同是太子黨的習近平扶持下，九年的媳婦熬成婆。可以說，劉亞洲是習近平的太子黨盟軍。

據說劉亞洲在空軍副政委任上，因為好談軍事戰略和戰爭哲學而頗遭軍委主席胡錦濤不喜，曾被不點名批評。胡曾在視察空軍部隊時講

話，要空軍領導多抓實事，少講空洞理論云云，據稱就是針對劉亞洲。

劉亞洲是自 1990 年以來第一個公開放言政改、推崇西方政治、且沒有因此遭受公開打壓的現役高官。他的出格言論與觀點不但震撼中共政壇，有消息指，美國情報機構和軍方也將他列為高度關注對象。

劉亞洲 1952 年 10 月 19 日出生在浙江寧波，父親劉建德曾任蘭州軍區後勤部副政委。中學畢業後，由父親安排參軍，在軍中官至排長；20 歲被保送入武漢大學外語系就讀。大學期間展露文學天賦成為作家，與前中共國家主席李先念的女兒李小林結為夫妻。

大學畢業後，他進入中共解放軍空軍政治部任職。1987 年 4 月，劉的報告《老山作戰應該立即停止》得到軍隊高層認同，不到半年中國南方邊境停止作戰。1988 年 9 月，劉的《不失時機地與南朝鮮發展關係》的報告受到中共國務院的重視。劉作為中共代表團的成員，參與了和韓國的祕密建交談判。

1988 年 12 月，劉亞洲針對中共軍隊面臨的形勢，在《中國軍隊必須進行改革》的報告中，呼籲軍隊改革非成功不可。文中還提到中國如再發生動亂，可能會演化成十分慘烈的結局，軍隊可能介入。半年之後的「六四」政治風波就證實了他的觀點。

1989 年「六四」時，他因涉及事件被當局調查，但最終過關，依然被重用。1990 年 2 月，劉在寫給中共解放軍總參謀長的《關於時局的幾點看法》一文中提到，戈爾巴喬夫已拋棄馬克思主義，蘇聯將搞多黨制。三天後，戈爾巴喬夫在蘇共中央全會上宣布，蘇聯將搞多黨制。

1992 年 4 月，他以作家身分低調隨團訪問台灣，事後被傳媒揭發軍人身分，轟動一時。1993 年 9 月，劉的《關於封鎖台灣》的報告，預測民進黨有可能成為台灣執政黨。2000 年 11 月劉亞洲《中國空軍攻防兼備要論》一書，被捧為世界新軍事理論之列。

2001 年 1 月，劉亞洲寫的《金門戰役檢討》第一次披露了中共解放軍 1949 年 10 月攻打金門失敗的經過。反思和總結了戰役失敗的原因和教訓，倡導不打無準備之仗，引起巨大迴響。

之後在其所作《中國未來二十年大戰略》中，劉亞洲提出，解決台灣問題，是要爭取台灣民心，搞好大陸政治體制改革、解決香港治理問題，整合而不是征服台灣。並且就此提出「一國兩治」、「分而不離，合而不併」的概念。由於其文章不主張武力征服台灣，從而招致中國大陸憤青網民的非議，被戲稱為「小說家將軍」，其對國內極端民族主義的批評也招致新時期「汪精衛」和「美帝走狗」的謾罵。

2005 年 1 月他在昆明軍區的演講《信念與道德》在網上流傳後，引起海內外輿論的注目和更多人的驚訝。同年，針對大陸反日浪潮，劉亞洲等軍方勢力籌劃的「中日關係青年研討會」被胡錦濤阻止。以他為首的十名將校連署發表呼籲，要求對外強硬、對內推動政治體制改革。這一舉動部分扭轉了大陸憤青們對他「親美親台」的攻擊。

香港媒體曾透露，中共邀請台灣國民黨主席連戰、親民黨宋楚瑜訪問中國大陸，是解放軍空軍副政委劉亞洲通過軍方高層人士，向北京最高決策層提出的建議。後來，宋、連二人分別率團於 2005 年去了大陸。據悉，劉當時還提出進一步邀請陳水扁訪問中國大陸，但這個建議最終未被採納。

劉亞洲於 2010 年在《鳳凰週刊》炮轟中共現行政治體制，並有「一個政治制度若不能讓公民自由呼吸就必然滅亡」等措辭，且預言十年之內，一場由威權政治向民主政治的轉型，不可避免要發生。

劉亞洲還曾批判中共流行的「經濟強國」和「金錢外交」的思想，指「錢多不意味軟實力有提升」。劉稱，決定一個民族的命運，絕不僅靠軍事和經濟力量，而取決於文明形式。他說：「一個制度如不能讓公

民自由呼吸，並最大程度地釋放公民創造力，不能把最能代表人民的人放在領導崗位上，就必然滅亡。」他更直指當年的蘇聯也曾強調穩定，把穩定看成目的。「穩定壓倒一切，金錢擺平一切，結果激化了矛盾，一切反了過來。」

儘管胡錦濤不喜歡劉亞洲，但習近平對劉亞洲卻很重視。他和劉源是習近平在軍內「倚重」的人，「一習二劉」的說法在很早以前就已傳得沸沸揚揚。

2012 年 4 月 16 日，王立軍出逃美領館不久，劉亞洲在《求是》雜誌中撰文，強調軍隊要無條件聽從中共指揮，一切行動堅決聽從「黨中央、中央軍委和胡主席指揮」。此舉被視為身為軍委副主席的習近平在薄熙來和周永康政變問題上代表軍方的表態。

據說劉亞洲從沒有用公款請客，連空軍司令員、政委到成都空軍檢查工作，他都不宴請。劉亞洲在《大國策》中曾表示：「我們不能選擇是否有個聰明的頭腦，但是我們可以選擇有一個較好的心腸，較好的心腸指什麼？一個人的道德品質。一個人的道德高低也許不重要，一個民族的道德高低就重要了。一個官員的道德高低也許不重要，一個執政集團的道德高低就很重要了。」

## 習近平倚重的軍隊太子黨

也許正因為這些，劉亞洲獲得了習近平的信任，他也說了、做了很多習近平不方便說的話和不方便做的事。比如 2013 年 3 月 31 日，就在中日關係因為日本政府購買釣魚島而引發外交衝突、導致兩國關係陷入僵局時，中國對外友協會長李小林出訪日本，劉亞洲作為丈夫隨行。但日本方面清楚，劉亞洲其實是以習近平「密使」的身分出訪的。

再比如 2013 年 3 月中共兩會期間，劉亞洲於 3 月 15 日在《人民日報》發表文章警告「軍隊個別領導玩物喪志、蠅營狗苟、影響極壞」，替習近平向腐敗治國、治軍的江家幫再發警告。

文章說：「一個政黨、一支軍隊最難做到的就是在和平時期居安思危，最需要警惕的是腐敗、享樂之習一點點侵蝕其肌體。」文章稱讚習近平上台後，「中央圍繞作風建設打了一套組合拳，動作之快、力度之大、態度之堅決、效果之明顯，令人耳目一新……」

文章回顧歷史：「好作風出戰鬥力，是一個鐵律。戰爭是武器和戰術的對抗，也是作風與意志的較量。對軍隊來講，好作風是銳不可當的殺氣和霸氣，甚至有不戰而屈人之兵的奇效。狹路相逢勇者勝。軍隊就是要『金戈鐵馬，氣吞萬里如虎』，致敵人於『望風披靡』。『風』就是軍隊的作風。」

文章最後強調：「一定要像習近平總書記要求的那樣，以黨和人民為念，以國家主權、安全、領土完整為念，以國防和軍隊建設為念，……」

外界評論說，劉亞洲的這番言論與習近平的反腐行動相呼應，劉亞洲很可能會和劉源一起，成為習近平在軍隊中反腐的「先鋒」。

1989 年以來，中共的腐敗如黑雲滅頂；特別是 1999 年江澤民鎮壓法輪功，其手裡的「腐敗」便成了他鬥敗黨內政敵、腐蝕官商學兵各界、收買國際社會的工具。江澤民掌中共軍權後拉攏軍中高官，不少高級將領爆出醜聞。其中包括海軍副司令王守業和總後勤部副部長谷俊山。

據多方消息，原解放軍總後勤部副部長谷俊山貪腐一案可能「升級」，調查人員在谷俊山家中搜出大批茅台和現金，數量遠超之前估計，令身兼中央軍委主席的中共總書記習近平大怒。港媒引述消息透露，谷案已被習近平作為典型反面教材，在全軍高層中通報。負責查處谷案的

解放軍總後勤部政委劉源也表態說，會將谷案「一查到底」。

江澤民的腐敗治軍，中共軍隊貪腐也全面爆發。谷俊山是江澤民的鐵桿親信，早先被江看中，是江澤民、曾慶紅、周永康等人在軍中黑色貪腐鏈的代言人。谷俊山被提拔成總後勤部副部長，涉及到江派軍委副主席徐才厚和國防部長梁光烈。

## 劉亞洲給兒子的一封信

李小林和劉亞洲的兒子叫什麼？現狀如何？外界獲知的資訊很少，只知道他的兒子復旦大學新聞系畢業。不過，劉亞洲在兒子14歲時給他寫的一封信，卻被大陸編進九年級語文教科書，從而廣為流傳。下面是信的全文：

胖胖：

我曾倚馬萬言，可給你寫信，筆有如千斤。下個月你就14歲了，我從不知道14歲也是人生的一個台階。我和你媽媽都是15歲參軍的。你爺爺是16歲參軍的，因為日本人來燒殺搶掠。你外公也是16歲鬧紅的，因為窮。學校是課堂，人生也是課堂。你在教室中學習，我們在生活中學習。世上沒有兩片相同的樹葉，也沒有相同的人生之旅。在這年齡上，有人當了宰相，如甘羅；有人犧牲了，如劉胡蘭；有人進了勞教所，如少年犯。

坦率地講，我是欣賞你的，一如欣賞一部作品。即使沒有血緣關係：我仍會欣賞你，因為你身上有許多閃光的東西。你最大的特點是心地善良，這種善良是與生俱來的。人心如海，世事如焚，偏你心中是一片淨土。你對大自然充滿愛心，小時候在上海，你才四歲，見有人摘花，你氣得跳腳。電視中有砍樹的鏡頭，你對我說：「樹會疼！」你敬重一切

生命，哪怕是微不足道的生命。家中有蛾子亂飛，我常拍打，你總說：
「它們也是生命。」小時候你看見一則報導：海洋動物銳減，從此你再
也不吃海鮮，直至今日。你說：「魚我是能吃的，但不吃，保護海洋生
物。」我常自問：這孩子難道心中有佛嗎？難怪那一次你在青海塔爾寺，
喇嘛們蜂擁出來看你，說你頭上有佛光。有勝於無。放眼望去，山林被
砍伐，200年後世界只剩一棵樹。動物被屠殺，中國人什麼都敢吃。我
曾給你講袁崇煥的故事，當活龍蝦被端上桌子，眼珠悸動，鬚髯顫顫時，
我想：這不就是被凌遲的袁督師嗎？從此我也拒絕吃生龍蝦。你是我們
的孩子，我們哺育你，教導你，反過來也被你的行為所教導。某次考試，
你一道題做錯了，隨意瞟到同桌的正確答案，但你偏不改，就這麼交上
去。寧阿姨說：「你真笨！」那天我極累，有電話找，我對阿姨說：「就
說我不在。」隨即我感到羞愧，這不是說謊嗎？在這一點上，我甚至不
如你。

你的另一個優點是具有平民思想。也許有人對此不以為然，但我珍
視它。平民思想是現代化和現代政治最重要的靈魂。我們恰恰缺少平民
思想，嘴上說平等，骨子裡最不平等。我曾說過某城市的市民在狼面前
是羊，在羊面前是狼。這其實是一種不平等。自古人們就如此：當別人
強大時，用諂媚取悅對方。當自己強大時，用作賤別人來取悅自己。我
家是一個極平常的家，可你媽媽家卻不同，你偏又在這個家庭中成長。
你沒住胡同但你最喜歡去的地方是胡同，若考胡同知識，你準奪標。媽
媽在北京生活了40年，還不如只生活了14年的你對胡同那麼熟稔。每
到星期日，我總帶你穿梭於胡同間，對那些斑駁的大門、陳舊的院落、
滿是瘡痍的磚牆，你表現了多大的興趣啊。上小學時你不會騎車，用汽
車送，你從不讓汽車挨近校門，接你時必須停在遠處，你貼著牆根兒悄
莫聲地滑過來，宛如做了虧心事。我上小學時總愛與同學比爺爺的軍

銜，爺爺是中校，我吹牛說是上校。有一次爺爺來學校，我露餡了。你對家庭和附加於家庭上的東西無興趣，你的興趣在於今天哪兒破壞了文物，明天哪兒被污染。某次上街，一個叔叔把廢紙掉在地上，你拾起來扔進垃圾筒。

14 過了，就奔 18；18 過了，就奔 30；30 過了，就如江河一瀉千里。你就是你，你不是別人，先做自己，再做別人。有些父母希望孩子做這個做那個，其實是在孩子身上尋找自己。我們對你無要求，唯有希冀。

一、應有博大的胸懷。天空大，比天空還大的是人心。……小時候，別人批評一句，你牢記許久。考試前，你如臨敵；考試若小挫，你總苦苦焦慮。我帶你出國、照相，你總問：「別人會不會以為我是在世界公園拍的假景？」有時候做題答案與同學一致，明明是自己做的，卻懷疑：我是不是抄同學的？你說你愛想事，卻不告我們想什麼。思想會發酵，心理雄關難越，但必須越，否則你就不能涅槃。切記：豁達豁達再豁達。我的訣竅是：從生命入手，既要珍惜生命，又不要太過看重。生命是一種宣洩，生命是一種咆哮，生命也是一個有無。一個人如果連死亡都不怕，還怕什麼？小時候，我的喉嚨卡了一根魚刺，一個月不出來，我直覺自己要死了。就是某日清晨，一個老人摔倒在學校旁的馬路上，竟被一泡馬尿嗆死了。我忽然覺得人的生命是如此脆弱，奇怪的是我也忽然無懼了。1984 年中越邊境發生戰爭，我作為作家去採訪。你二叔亞蘇的部隊出擊前，我參加誓師大會。戰士們都說豪邁如山的遺言。一個農村戰士卻怯生生地說：「如果我死了，希望公社能給我家一頭牛。我父親太老，耕不動地。」我心痛了。一條條那麼鮮活的生命從我眼前掠過，許多人包括那個農村籍戰士，永遠沒有回來。戰後，幾十具烈士遺體整整齊齊擺在打穀場上，他們全都睜著眼。他們都比我年輕，才 18 歲或

19 歲就死了，於是他們也就永遠不死了。你知道我最不愛錢。在老山前線，一個連長衝鋒時犧牲了，遺體抬下來時才接到後勤發給他的工資袋，裡面只有五分錢，其餘的錢都還債了。想想他們，再想想鄧爺爺，困難算什麼？考試不好算什麼？同學間有意見算什麼？批評又算什麼？這個世界上沒有打不倒的敵人，只有打不倒的自己。人只有征服自己，才能征服世界。

二、要有鐵一般的意志。你人很聰明，但意志稍缺。與一般孩子相比，你意志夠強了，但與你即將要做的事業比，還不夠。你說不喝可樂，果就再不喝。考試小挫後也屢次發誓不玩遊戲機，但常擋不住它的誘拐。這就是說，小事尚可，中事不夠，大事更不夠。對此，父母有責任，我尤有責任，在骨子裡不願讓你吃苦，甚至見不得你吃苦。我總想為你創造條件，這也是一種變相地在孩子身上找回自己。今天，胖孩子滿天下，嬌娃兒如林，是父母的失誤。聰明是一種財富，意志是更大的財富。聰明人辦小事，堅強者辦大事。戰鬥最難堅持的是最後三分鐘。與外公一起鬧革命的紅九軍軍長孫玉清，在河西走廊犧牲時只有 26 歲，他的妻子是女紅軍，已懷孕，仍被馬匪蹂躪，娶作小老婆。她討飯逃回南方，將孩子生出來養大。解放後，又受到 30 年不公正待遇。她幾回欲死，但想到一定要把丈夫的骨血養大，便苟活下來。一個女子，處在這個境地下，需要多麼堅強的意志啊。終於。在前年，她被平反。她帶著已經 60 歲的兒子來到河西走廊烈士陵園看望丈夫。照片上，孫玉清年輕英俊，而她，連她的兒子都是雞皮鶴髮，瘦骨嶙峋。她撫著丈夫的鏡框哭道：「我到今天才來看你。你的兒子都老了啊……」我是與你一同看的電視，當時我的淚水止不住流下來，我是為這個堅強的女人的意志而流淚。孩子，一定要堅持，越不能堅持越要堅持。黎明前最黑暗。勝利前最絕望。成功前最渺茫。

中共太孫黨

# 彭真家族

彭真 1987 年舊照。（AFP）

第一節
# 彭真被毛打壓的真實原因

　　彭真（1902 年～ 1997 年）也是鄧小平時代的中共八大元老之一，原名傅懋恭，所以他的孩子們都姓傅。1949 年彭真擔任中共政務院政治法律委員會副主任、黨組書記，後任中共中央政法小組組長，同時兼任中共北京市委書記。1951 年兼任北京市市長。可以說，北京市委在文革前一直是彭真的天下。

　　彭真 1954 年當選為中共人大常委會副委員長和全國政協副主席。1956 年當選中共中央委員、中央政治局委員、中央書記處書記。但他最具實權的還是北京市委書記這個頭銜。

　　1966 年 2 月，劉少奇主持中共政治局在京的常委開會，通過了《二月提綱》。隨後，又派彭真、陸定一等人專程飛往武漢，向毛澤東彙報。彭真在武漢代中央草擬了關於轉發《二月提綱》的批語，在京的政治局常委傳閱表示同意後，就以中共中央文件把它批轉全黨。

　　不過此時的毛澤東已經動了要除去劉少奇的心，於是開始採用「剝

洋蔥戰術」，從外向內一層層地削弱劉少奇支持者和擁護者的力量。3月下旬，毛澤東批評《二月提綱》混淆階級界限，是錯誤的，下達了撤銷《二月提綱》的通知。5月16日，毛下達《五一六通知》，除點名批判彭真外，還宣布撤銷《二月提綱》和文化革命五人小組。彭真也由此被打倒。

1966年6月27日，劉少奇還發表講話，批判彭真、羅瑞卿、陸定一、楊尚昆，殊不知，類似厄運很快就降落在自己身上。在毛「剝洋蔥戰術」上，劉不知道保護外層洋蔥皮，一層層地被毛剝落，最後就輪到最核心的自己了。文革初期劉少奇夫妻倆整人一點也不手軟，最後自己被整時，也就沒人幫他們了。

會上劉少奇說：「彭、羅、陸、楊他們的互相關係是不正常的，到底是什麼關係，達到何種程度，我們組織了審查委員會，正在進行審查。他們共同特點是反對毛主席，反對毛澤東思想，都是搞地下活動的。他們的企圖不是個人要點什麼東西，而是企圖根本改變我們黨和國家的根本路線、根本政策，要按照他們的路線辦事，要按他們的面貌改造黨，改造全中國，企圖在中國實現修正主義政策，也就是復辟資本主義的政策，如果他們的企圖得逞，就可能實現政變。」「彭、羅、陸、楊事件是有發生政變的可能的，這是激烈的、國際、國內階級鬥爭在我們黨內領導機關的反映。」

文革後，彭真被平反，1979年被補選為中共人大常委會副委員長，並兼任全國人大常委會法制委員會主任。1980年任中共中央政法委員會書記。1983年當選為中共人大常委會委員長。

毛澤東為何首先推倒彭真呢？主要原因彭掌控了北京，而中共政治鬥爭中，北京是核心要地。北京市地方首長，雖然級別不高，但非常關鍵，毛澤東發動打倒劉少奇的文革運動，撬動的第一塊石磚，就是北京

市委彭真。毛將北京市委斥為「針插不進、水潑不進」的獨立王國。下面來看看中共黨魁是如何實現自己對北京的主動權的。

1966 年 5 月 1 日，彭真沒有在城樓上露面，嗅覺靈敏的外國觀察家都猜測到彭真遇到了麻煩，中國政壇將出現大的波動。1949 年中共建政以來，每年「五一」、「十一」，都要在北京天安門廣場舉行慶祝活動。彭真作為北京市長總是以儀式主持人身分，站在天安門城樓上，面對數萬人群。

## 毛澤東最先打倒了彭真

1958 年的「大躍進」失敗，1959 年毛澤東在廬山會議狠批為民請願的彭德懷，隨後，導致了一場令數千萬人死於飢餓的大饑荒，國民經濟因此而跌入一個急劇衰退的困難時期。

1962 年初，中共在北京召開了包括全國縣委書記參加的工作會議，史稱「七千人大會」。會上劉少奇據其在湖南家鄉實地調查的耳聞目睹，將造成國家困境的原因認定是「三分天災，七分人禍」。同時提到，彭德懷信中所說一些具體事實不少是符合實際情況的；人民公社當時不辦也許可能好些，遲幾年辦也是可以的。

劉少奇的坦誠獲得了大會的熱烈支持與擁護，使數年來因形勢緊張而造成的黨內不滿情緒得到一定抒解與釋放。但卻觸動了毛澤東敏感的神經，使建政以來毛澤東與劉少奇之間因思想分歧而產生的矛盾驟然呈顯出一種緊張的態勢。這是中共黨內最高層毛劉之間因矛盾鬥爭而爆發的第一次正面衝突。

在這之後，蘇聯赫魯曉夫被逼下台，毛顧影自憐，從階級鬥爭你死我活的理論幻覺中越來越感到一種被人架空、大權旁落甚至可能被人逼

宮的政治危機。1964 年底與 1965 年初中共召開的有關四清運動的工作
會議期間，毛劉再次爆發衝突。這次衝突更為激烈，毛澤東對劉少奇等
劍拔弩張的場面使兩人的矛盾公開化、表面化，給中共高層投下了一層
憂慮不安的陰影。毛澤東由此定下了政治上打倒劉少奇的最後決心。

　　彭真從延安時期就深得毛的器重，中共建政後一直被委以重任，長
期擔任北京市委第一書記，彭對毛從來就抱著敬仰之心，但他畢竟是劉
少奇原北方局的一員大將，且治政理念也更接近於劉；而中央一線二線
之分，讓彭真更多接受的也是劉的意見。

　　毛對北京不放心，動手前開始清場。1965 年 9 月一直蟄居京城、
受到貶黜的前中共國防部長與總參謀長彭德懷、黃克誠分別被遣去西南
三線和山西。11 月楊尚昆又被免去中辦主任，貶遣廣東，接任的是資
歷與能力都差一大截卻是毛澤東親信的汪東興。汪東興是毛長期的警衛
總管，卻與江青不合，1958 年受到江青的排擠，被毛貶到江西，危機
時刻，毛立即安排其祕密進京，接管中辦主任，掌管中央衛戍大權，更
是牢牢掌握毛的御林軍、中央警衛團 8341 部隊，從此與毛形影不離。

　　也就是同一時刻，1965 年 11 月 10 日上海《文匯報》發表姚文元《評
新編歷史劇〈海瑞罷官〉》，被視為是一個標誌性的歷史事件，由此拉
開了十年文革的序幕。這篇由江青遵循毛澤東旨意組織撰寫的被稱為文
革導火線的文章，以學術討論之名行政治批判之實，把歷史劇《海瑞罷
官》看做「一株毒草」，將劇中反映海瑞當年「退田」、「平冤獄」的
情節說成是借古諷今、鼓吹「單幹」煽動翻案風，矛頭直指劇作者——
時任北京市副市長的著名歷史學家吳◻。但批吳◻僅是巧為名目的表面
文章，背後的真實圖謀乃是以此作為引線，由此及彼，引發一場清算劉
少奇及其路線的文化革命運動。

　　當時，江青在前台，毛在後面，外界並不知道文章緣由，華東各

省市報刊紛紛予以轉載，但在首都北京卻受到彭真為首的北京市委的冷遇，在 18 天的時間裡北京報刊不見任何反應，既無轉載也無評論，彷彿波瀾不驚的一泓靜水。彭真冷藏姚文令毛十分惱火。

為了反擊，1966 年 2 月，劉少奇、彭真等推出了《二月提綱》，並要批發全黨。提綱提出討論「要堅持實事求是，在真理面前人人平等的原則，要以理服人，不要向像軍閥一樣武斷和以勢壓人。」還提出，在報刊上公開點名做重點批判要慎重。

到了 4 月，毛澤東親自主持中共中央政治局常委會議，批判了彭真的「反黨罪行」。

毛澤東強調說：「我們面臨嚴重的文化革命任務；吳問題的嚴重性，就在於朝中有人，中央有，各省市有，軍隊也有，鬥爭涉及面很廣。」

此後，毛澤東還多次批判彭真，說北京市委一針也插不進去，一滴水也滴不進去。彭真要按他的世界觀改造黨，事物是向他的反面發展的，他自己為自己準備了垮台的條件。

4 月下旬，彭真被停止工作。不久，中共中央派華北局第一書記李雪峰擔任北京市委第一書記，原吉林省委第一書記吳德擔任第二書記。毛在隨後的文革中，暢行無阻。被很快打倒的劉少奇，在被折磨致死後，火葬前竟無衣裹屍，成為中共領導人中死亡最悽慘的一位。

## 鄧小平壓汪東興 扶秦基偉

十年文革末期，毛澤東開始安排後事，從「四人幫」之一的王洪文家中搜出的毛澤東擬定的組閣名單，證明了毛澤東的真實想法，是想叫江青上台。但毛還是不敢讓江青直接上台，便弄了個弱主華國鋒主政，毛盤算是等待時機，江青再上台。

　　但是如果江青上台，華國鋒、汪東興、鄧小平等等，都沒好日子過。於是華國鋒、汪東興、葉劍英先下手為強，以掌握衛戍軍權的便利，1976 年 10 月抓了「四人幫」。在葉劍英的保駕下，1977 年 7 月中共 10 屆三中全會鄧小平正式復出。雖然華、汪等人都反對，但這些人沒有軍隊根基，根本不是鄧的對手。1978 年 12 月 11 屆三中全會，鄧小平主政推出了一系列糾正文革錯誤的「撥亂反正」，毛派的死黨華國鋒和汪東興等，此時已成了鄧的絆腳石，必須清除，鄧把發力的時間定在了 1980 年。

　　為確保自身安全，也就是在這一年，鄧提拔自己二野的老部下秦基偉升任北京軍區司令。1955 年 9 月秦基偉被授予中將軍銜，後擔任昆明軍區司令員。秦基偉是 177 位中將中最早擔任大軍區司令員的人物，但也讓秦成為在「文革」時期大軍區一級的高級將領中最早下台的人。與不少中共老幹部受衝擊、折磨，甚至被整死相比，秦基偉最早下台算是「因禍得福」。1973 年 7 月，秦基偉被任命為成都軍區司令員。1975 年 10 月，進北京軍區，但只是第二政治委員的附屬角色。

　　1980 年 1 月，鄧把秦基偉從第二政委，越升為北京軍區司令員。鄧需要他壓住汪東興的中央警衛團，以防止軍變。

　　隨後北京發生人事大變動。在 1980 年 2 月 23 日至 29 日召開的中共 11 屆五中全會上，全會批准了汪東興辭去中共中央副主席職務的請求。這樣，汪東興淡出政壇。全會還批准了紀登奎、吳德、陳錫聯的辭職要求。中共 11 屆五中全會的人事變動，意味著華國鋒雖然仍擔任中共中央主席，但是這個主席已經成為「空頭主席」了。

　　1981 年 6 月 27 日中共 11 屆六中全會決定同意華國鋒辭去中共中央主席、中央軍委主席的職務，選舉胡耀邦為中共中央主席、鄧小平為中央軍委主席。

其實早在此半年多以前，1980 年 11 月中共中央政治局連續開了九次會議，專門討論華國鋒問題，已經內定了華國鋒下台。傳說，華國鋒不肯自動讓位，據理力爭：「我是按黨章選上來的，除非按黨章把我選下去。」於是鄧安排華國鋒出訪法國等，華國鋒回國，鄧告訴華國鋒：「你被選下去了。」

坊間傳出，鄧小平曾對汪東興破口大罵。在政治局召開生活會的時候，汪東興指著剛剛發下來的《關於劉少奇的複查報告》，發表他的看法：不同意給劉少奇平反，對於把江青當文革替罪羊感到不滿。鄧小平站了起來：「汪東興幾乎每一次開會都要出來唱唱反調，已經充當了我們中心工作轉移和平反冤假錯案的絆腳石了。對任何問題都要說三道四，好像你汪東興什麼事情都知道似的。你正因為當時就在項目組，所以你必須對當時一些問題要負一定的責任。這個責任不一定非是『四人幫』定的他們才應負責，就是在他們錯誤影響下所做的壞事也應該由他們來負。這個道理在我們黨的歷史上從來就是這樣的。當初你們批判所謂劉鄧路線時，不也是把別人幹的事情算到我們頭上去了嗎？這有什麼奇怪的？還要你汪東興如此著急地說明！」當時吳德、陳錫聯、紀登奎都有類似的意見，結果也都被鄧免職。

鄧有這樣的底氣，多少因有北京軍區的心腹保駕護航，因而無半點後顧之憂。1981 年，中共「國慶閱兵」，鄧小平在閱兵指揮車上，秦基偉就站在鄧的旁邊，1984 年 10 月，秦基偉仍然陪同鄧小平，乘坐敞篷車檢閱中共三軍部隊。保駕有功，1987 年 11 月，秦基偉由北京軍區司令員升任中共國防部長，當選為中共中央軍委委員。1988 年秦被鄧授予上將軍銜。

## 江澤民滅口王寶森 踩陳希同

「六四」後，江澤民當上中共總書記，對鄧的改革唱反調，鄧有意放風敲打江。1992 年 5 月鄧小平在南巡之後到首鋼視察，當時首鋼董事長周冠五和北京市長陳希同陪同。鄧小平當著大家的面說：「我最近說的話有人聽，有人不聽，北京市已經行動起來了，但中央一級還有人頂著不辦。」鄧隨後要求陳希同「給中央帶話」，「誰反對 13 大路線，誰就下台。」

這件事讓江澤民十分記恨，那也是江澤民政治生涯中最凶險的時候，而那時楊尚昆和楊白冰公開喊出了「軍隊為改革開放保駕護航」，所以江不得不緊跟鄧。

1992 年中共 14 大，鄧小平同意江澤民清洗了「楊家將」，其實是自毀長城之舉。其後鄧小平對中國政局的影響大不如前了。1995 年，江澤民逮捕了周冠五的兒子周北方，並判處死緩。甚至當時江澤民還一度藉周北方案件打擊鄧小平的兒子鄧質方。

江整治北京市委書記陳希同與當年毛整治彭真類似。陳希同是鄧小平提拔上來的，對鄧忠心耿耿，積極推行鄧的改革開放政策，但對總書記江澤民根本不拿正眼瞧。當時除了被江澤民在上海伺候得服服貼貼的幾大佬外，沒人把江澤民放在眼裡。

陳希同倒楣在薄一波身上，陳寫了一封揭發江的信交給鄧小平，鄧那時身體已經很糟糕，於是沒拆開就交給薄一波去處理。薄一波一看，這封信關係著江政治生命的生死存亡。腦筋一動，就把江叫來，並給他看了這封信，江看過之後大汗淋漓，渾身發抖……薄一波又把信收了回去。從那天起，江澤民就攥在薄的手裡，江決定置陳希同於死地。

1995 年 4 月 27 日，新華社一篇僅 165 個字的消息猶如驚雷一般，

「北京市常務副市長王寶森懾於反腐敗威力自斃身亡；中央政治局委員、北京市委書記陳希同引咎辭職」。實際上是江系人馬將王寶森滅口，然後用封了口的王寶森把陳希同搞下台。同年 9 月陳希同被免去政治局委員和中央委員職務。以後兩屆的北京市委書記賈慶林、劉淇都是江的親信。

懾於鄧小平的權威，江又熬了一年多，直到 1997 年 2 月 19 日鄧小平去世，同年 8 月陳希同才被開除黨籍。1998 年 2 月 27 日，陳希同以「貪污和玩忽職守罪」被捕。江本意給陳希同羅列死罪罪名槍斃。但沒想到費了九牛二虎之力，最後搞出的證據也不過是陳希同「自 1991 年 7 月至 1994 年 11 月，在對外交往中接受貴重禮物 22 件（其中金銀製品八件，貴重手錶六支，名貴水筆四支，照相機三架，攝像機一台），共計價值人民幣 55.5 萬餘元」（新華社北京 1998 年 7 月 31 日電）。這對於中共政治局委員這個級別的中共高官來說，實在算不了什麼，甚至可以說相當清廉了。陳希同為此鋃鐺入獄，因貪污罪被判 13 年，因玩忽職守罪被判四年，1998 年 7 月兩罪並罰共計有期徒刑 16 年。最近陳希同出書，為自己喊冤，稱江是羅織罪名陷害。

還有一個人要提。由喜貴擔任江時期的中共中央警衛局局長，成為江的心腹。據悉，由喜貴不是江澤民從上海帶到北京的，他原本在總參任職，一次偶然的機會與江澤民的心腹曾慶紅認識，介紹給江，贏得了江的歡喜和信任。江很快把由喜貴從總參調到中央警衛團任副團長，擔任楊德中的副手。後來江權力穩固，為了把由喜貴扶正，確實費了些心思。先把楊德中提拔成上將職稱，然後勸退，由喜貴接任中共中央警衛局局長，江隨即把該部隊大換血，徹底變成了江澤民的私家軍。而江從上海帶到北京的曾慶紅，則主政中共中央辦公廳，這是一個很關鍵的職位，可以說是中南海及中共中央大員們的大內總管，中共中央高層的衣

食住行盡在其監查之下。

可以說，中共最突出的屬性之一就是惡鬥。惡鬥的動力是權力。為了權力，親娘老子都可以不認。毛澤東整死救命恩人彭德懷；周恩來殺養女孫維世；江澤民不認漢奸親爹，薄熙來踹斷薄一波三根肋骨……全都與權力慾望有關。這就是一個沒有道德底線，為一己之私可以六親不認的邪魔組織。親朋尚且如此，更遑論黎民百姓的生計安康。因此，中共魔教成員內鬥混戰幾十年，隨時曝出特大醜聞。

# 第二節

# 傅家一女三子

後排左起：傅彥、傅銳、傅洋、
傅亮，前排左起：彭真、張潔清。
1955 年 5 月資料照。

　　彭真和妻子張潔清共育有四個孩子。長女：傅彥，曾任北京富利
公司董事長；次子傅銳，原中國核工業公司副總經理；三子傅洋最出名，
曾任中華全國律師協會副會長、北京康達律師事務所所長；小兒子叫
傅亮。

　　官方簡歷稱，彭真 1902 年出生在山西曲沃縣侯馬鎮垤上村，不過，
傅家認為其祖籍是山東桓台果裡鎮玉皇閣村。2006 年 10 月 2 日，傅洋
帶著女兒傅恬，還有王若飛之子王興、張鼎丞之女張延忠等人，回到玉
皇閣村省親。官方報導說，淄博市副市長、桓台縣委書記等前去迎接。

　　傅洋說：「父親生前經常提到祖籍桓台。談起籍貫時，他曾說『我
是一半山東，一半山西』。今天有機會來老家看看，感到非常高興。」
1985 年彭真曾回過桓台，並題詞「建築之鄉」，結果到了 2005 年，該

縣建安產值近 40 個億。據說彭真的推薦起了很大作用，政法系統很多地方都到桓台來訂貨。

## 傅銳怒斥房價過高

彭真的大兒子傅銳，1940 年 11 月生，1995 年 4 月任中國核工業公司副總經理，現任中國核工業集團公司顧問，第 10 屆、11 屆中共政協委員。不過，即使這樣一位中共高官，他還自稱在北京買不起房，當然即使他買不起商品房，傅家也不愁沒有房子住。核工業總公司自然會有福利房分給他。2011 年 3 月傅銳在中共兩會上的發言，還是引起百姓們的共鳴。為此，只有亞洲電台做了專門報導。

報導說，傅銳在政協會議上表示，中國樓價過高不是物質範疇的問題，而是價值觀的問題。香港《明報》在題為《太子黨為民請命》的報導中說，傅銳表示，即使深圳的房價從十萬元一平方米降到五萬元，也與他這樣的老百姓毫無關係，因為根本就買不起。他也批評地方政府為獲得土地財政收入，而不願撥出土地興建房屋。

針對傅銳的這番不同尋常的發言，《動向》雜誌總編輯張偉國認為，被稱為太子黨的中共高幹子女群體並非鐵板一塊，也各有不同想法。「太子黨裡面有唯利是圖的，只認錢不認法的大有人在。保持他們父輩的『理想主義革命情懷』的，這也會會有一些人。而且裡面也分左派、右派、毛派的、民粹主義的。」

旅美中國異議人士魏京生也出身中共高幹家庭。他表示，其實在海內外的中國民運和異議人士中，也有不少是幹部子弟。他認為，彭真之子傅銳對中國現實社會問題提出尖銳批評並不奇怪。在上世紀五、六十年代，中國的官員後代都是受理想主義教育，和現在的情況頗為不同，

而有的太子黨雖然出身高幹家庭，但隨著年齡、社會經歷和本人性格的不同，對問題的看法也往往大相逕庭。

「像彭真的兒子受父輩的影響對現實的政權不是很滿意，所以也就退出了官僚集團。新聞上老說他們家是沒有當官的，其實不對。他弟弟的官兒曾經當得很大，人大常委會法制委員會主任，那官相當大了。後來退下來做律師了。其實，現在這些人還受到所謂真正的太子黨的排擠。因為這些人也有自己的想法。老說話而且他們說話往往影響力稍微大一些。而且最近幾年我們發現有很多這樣的官場以外甚至官場以內的這些所謂的太子黨，他們現在也在反對一黨專政政權。」

張偉國則認為，在中國，通過父輩權力獲得巨大政治和經濟利益的太子黨雖有很大的比例，但仍有很多人沒有成為權貴資產階級，有不少仍秉持左派的觀點。傅銳的批評說明高房價已成為目前中國最大的社會問題。「不要把這個理解成他們是為了老百姓。就像傅銳講的他自己買不起，他買得起可能就不說了。所以像這種樓，他自己的既得利益受到影響了。當然了有一種渲染氣氛的作用，讓這些輿論對地產商、房地產有一點壓力。但這種東西對他們已經是死豬不怕開水燙了。」

張偉國表示，其實太子黨也好，人大政協委員也好，他們的提議對解決目前中國現行體制造成的社會問題都不會有太大作用，因為他們本身在中共特權體制之內，也並不願意根本改革現有的政治體制。

第三節

# 傅洋：
# 棄官下海 只接刑事案件撈人

　　傅家幾個孩子中，接了父親班的，就是三子傅洋。傅洋曾官至中共人大常委會法制工作委員會副主任，官方簡歷上說，「1979年至1987年在全國人民代表大會常務委員會法制工作委員會從事立法工作，曾任該委員會經濟法室副主任。在此期間，曾參加憲法、刑法、民法通則、經濟合同法、涉外經濟合同法、公司法、中外合資經營企業法、中外合作經營企業法、外商投資企業法、全民所有制工業企業法、破產法等40餘部法律的制定和修訂工作。1988年創辦康達律師事務所後，領導全所同仁，將本所建成國內一流的律師事務所，在海外亦具有較大影響。」

　　人們不禁要問，傅洋為何放棄仕途而下海經商呢？有消息說他在官場不順，這從官方報導就能看出一點端倪。1980年彭真任中共中央政法委員會書記。1983年至1988年為中共人大常委會委員長，也就是說，傅洋是在父親的庇護下當官，彭真退休後，傅洋也就離開官場了。

　　據大陸媒體報導，1985 年秋，就在《礦產資源法（草案）》將交付人大常委會表決的前一天晚上，風雲突變。中共中央某位高層對這一草案提出嚴厲批評，不贊成大會表決。這位中共中央高層認為草案和他大力提倡的「有水快流」（即認為許多貧困山區要脫貧致富只能靠採點礦，有礦就要快讓農民去採，農民採點礦不過是給地球撓癢癢）的原則相悖。

　　第二天，彭真說服了人大常委會的委員們，放棄了對礦產資源的保護立法，直到一年後的 1986 年 3 月，《礦產資源法》在經歷了五年後在六屆人大 15 次會議上獲得通過。不過，大陸礦產資源被掠奪性的開採浪費，已經給中華子孫後代造成無法彌補的損失。

　　1987 年傅洋辭官當律師之前，曾向父親徵求意見，彭真只是意味深長地說：「律師不像執法機關，沒有什麼可以憑藉的權力。」於是，傅洋成了一個從沒有出過庭的律師，他的基本工作是事務所市場的拓展、案件的協調研討、內部管理的健全，以及處理一些非訴訟法律事務。

　　不過，傅洋擔任負責人的康達律師事務所的背景還不這麼簡單。康達主任傅洋，當時還是中華全國律師協會副主任，康達副主任鄭小虎是最高法院第六任院長鄭天翔之子，另一位副主任林星玉是原中共人大副委員長林楓之女。據說康達的前身跟鄧樸方的律師事務部有關係。

## 李莊案背後的傅洋

　　2009 年 12 月，李莊為重慶「黑幫頭目」龔剛模辯護，收了龔剛模家 150 萬人民幣的律師代理費。但李莊被薄熙來、王立軍誣陷為犯「偽造證據罪」，判監一年半，此案引起大陸律師界震撼，為此傅洋到處找人營救李莊。

李莊被薄熙來抓捕後，傅洋四處託情，想與薄熙來達成妥協。傅洋也把李莊案件的一些情況轉交給喬石，希望這位已經「處江湖之遠」多年的老政法代為說情。

北京消息人士透露，喬石對過去十年中共政法委的很多做法非常不以為然，而對王立軍和薄熙來在重慶處理李莊案的手法尤為憤怒，他曾去電某位中共最高層，直斥王立軍「太不像話，不是個好人」。

據說鄧樸方也為李莊案和高層「溝通」。鄧樸方曾表態支持薄熙來繼續在黨內升任，但李莊案之後，他公開表態說薄熙來「不講義氣，靠不住」。

2010 年 1 月，習近平到北京德恆律師事務所調研，指律師為促進社會公平正義、促進社會和諧穩定發揮了重要作用，外界分析說，這可能是傅洋活動的結果。

其實，中南海的人早就知道薄熙來的事。在 2010 年，也就是王立軍出逃的兩年前，中共中央打擊薄熙來的鬥爭就已經開始。薄熙來抓捕李莊，也是公開向中共中央挑戰，而習近平視察律師事務所，則是中共中央回擊薄熙來的表現。

2011 年 4 月，李莊在被關押一年六個月後，薄熙來還想以遺漏罪再次給李莊判刑。眼看李莊案第二季就要開庭了，突然重慶檢方撤訴。據知情人介紹，這次是胡錦濤親自打電話給薄熙來，令他放人，薄熙來最後不得不放了李莊。

## 李莊案簡介

2009 年 11 月 20 日，重慶民營企業家龔剛模等 34 人，因被王立軍的專案組定性為「組織、領導、參加黑社會性質組織案」，被重慶市檢

察院提起公訴。原北京康達律師事務所合夥人李莊擔任龔剛模的辯護律師。李莊在調查取證過程中，被重慶檢方控以偽造證據罪和妨害作證罪，於 2009 年 12 月 12 日下午，李莊在北京市龔剛模妻子程琪的病房中遭到重慶警方的抓捕。

2010 年 1 月 8 日，重慶市江北區法院一審中，李莊大聲喊冤，拒絕妥協，被以偽造證據、妨害作證罪，判處其有期徒刑兩年半。李莊不服提出上訴。2011 年 2 月 9 日二審宣判，李莊以藏頭詩寫下一紙悔罪書——「全盤認罪」，被法院認定為「認罪態度較好」，改判一年六個月的有期徒刑。

聽到判決後，李莊當庭「反水」，搶話筒曝「訴辯交易」，二審時的「認罪」有假，指責重慶有關部門違約失信，沒有承諾認罪就判緩刑，最後他被幾個法警制服後帶離法庭。當時被外界認為是法庭上「最牛」的一幕。

按照李莊的說法，二審開庭時他當庭表示認罪，是以有關方面對他做出承諾為條件的。這些來自公安和檢察部門的承諾包括：二審以書面審理方式進行、量刑改判為緩刑等。

人們找出李莊的「認罪書」藏頭詩，發現他是這樣寫的：

「一、**被**刑事拘留以來，對我的思想觸動很大，在各級組織各級領導的耐心教育下，我逐漸認識到了自己的所作所為玷污了律師的職責，缺失了一名法律工作者應有的職業道德基**礎**。

二、**比**較其他民事代理人，刑事辯護人更應該顧大局、識大體，與黨中央保持一致。今後我要努力學習，徹底訣別過**去**。

三、**認**真反思（這裡我要插一句話，我確確實實沒有說過龔剛模被樊奇航敲詐，只說他被黑社會敲詐——記者注：這是李莊針對公訴人的一個說法的解釋），龔剛模案，浪費了極其寶貴的司法時間，屬思想不

純立場不**堅**。

四、**罪**行法定，這是基本原則。作為法律工作者應注重事實、法律研究，不應偏聽偏信，甚至在大是大非面前執迷不**決**。

五、**緩**慢的思想轉變，為此付出了沉重的代價，也為今後的人生吸取了豐富經驗。我要吸取教訓，追求未來應有的精神境**界**。

六、**刑**法的宗旨是懲罰罪犯保護人民，我將永遠牢記在心。這也是公民應遵守的基本準則。今後無論如何我將為社會做積極貢**獻**。

希望二審法庭慎重對待我的上**訴**。」

若把這六條的第一個字提出來，就是「被比（逼）認罪緩刑」，若把每條的最後一個字，包括最後那句話的最後一個字連起來就是：「礎（出）去堅決界獻（申）訴。」

在 2 月 9 日宣判後，李莊吼聲道：「認罪既是被引誘，也是鬥爭策略。」並提醒旁聽人員仔細察看他的《悔罪書》。這個認罪書等於是公開告訴外界，二審前他被逼認罪，重慶方面由此承諾他將得到緩刑，不會被關進監獄，遭受牢獄之苦了。中共的牢獄不但皮肉受苦，更是精神摧殘，李莊怕自己承受不住，所以二審前就屈服了。李莊以為薄熙來、王立軍等人會遵守雙方的承諾，哪知他被騙了。

外界評論李莊太不了解薄熙來了，當年為了當「革命小闖將」，薄熙來連父親薄一波的肋骨踹斷了幾根；為了殺文強，連中共中紀委書記賀國強都敢騙，救了王益，也殺了文強。一個小小的李莊，在薄熙來眼裡，根本就是個小螞蚱，他哪會遵守承諾呢？再說王立軍也是天生叛逆，在鐵嶺時他能與乾爹王海洲反目成仇，他哪會對李莊遵守諾言呢？

那時的李莊，恨不得千刀萬剮欺騙他的人，但無奈中共不講法制，哪怕李莊能把整部《中國刑法》背下來，他也無力把自己從被誣陷中拯救出來。

二審宣判後，李莊的辯護律師高子程在法院門口接受採訪時告訴媒體說，李莊曾告訴他，（重慶）某檢察長及某局長多次找李莊做工作，希望李認罪並更換高子程、陳有西二律師。如照辦，可二審改判緩刑。但對此中共官媒大多失語，一些相關的報導的也基本遭到封殺。

一年半後，當李莊即將出獄前，重慶方面又控其妨害作證罪的「漏罪」案，上演了「李莊第二季」，於 2011 年 4 月法院再審理，兩日後檢方自動撤訴。同年 6 月，李莊刑滿出獄。隨後李莊一直在為自己冤案做各種準備，上演「李莊第三季」。

2012 年 1 月，李莊重慶案的助理馬曉軍律師和妻子韓會娟向重慶公安局提行政起訴狀，揭開了馬曉軍當年在「李莊案第一季」時失蹤和拒絕出庭作證之謎。被外界視為「李莊第三季」大片的預熱。

## 審薄前 李莊香港曝內幕

曾被薄熙來迫害的北京著名律師李莊說，從審薄前兩天庭審期間，薄的講話裡就能找到 70 多處漏洞。圖為 2013 年 7 月 19 日李莊在香港書展演講。（攝影／潘在殊）

2013 年 7 月 19 日，曾被薄熙來羅織罪名而成階下囚的北京律師李莊，突然出現在香港書展上。不過，李莊並不是來推廣他的新書——他將出版一本 30 萬字的自傳，但新書還沒出來。李莊現身香港，主要想

在審判薄熙來之前，披露部分薄熙來與王立軍的打黑內幕。

對薄即將受審，李莊形容自己心情「很平靜」。他說，無論當局以什麼名義起訴，都是對於薄在重慶踐踏法治的懲罰，不過，薄熙來「反人類、反文明、反進步」的罪惡不應寬恕。

演講中，李莊主要講了跟自己有關的事。他說：「李莊案到底怎麼一回事？就是在他們（指王、薄）正在製造政績，想讓全世界關注，給他們叫好的時候，我走進了他們的局。當然這個局不是為我而設。他們這個局是（為了）打出聲威、打出關注度、打出政績，這是政治上的目的。」

至於其經濟上的目的，李莊說薄熙來和王立軍當年抓了很多民營企業家，將巨額財富沒收之後為其政治目的服務，「把那些有錢的人，統統都抓起來，把他們都殺掉了，把他們的財產分掉。分了這些財產，幹什麼用？分給了誰？就是為他們的政治目的籌集資金。」王、薄再用剩下的金錢來籠絡人心。

例如在公安局建造五星級豪華的員工餐廳，向公安發放西服等，「比如說給公安局的幹警，3 萬 6000 多萬公安幹警，要給他們發西裝，按照國家的財政計畫，按照中國公安部的要求，你警察就是發警服嘛，你怎麼能發西裝呀？」」

李莊列舉王立軍抓的多個大企業家，「什麼陳明亮啊、李強、彭志民啦、李俊等等。哪個人不都是 1000 萬、2000 萬（人民幣，下同），哪個人都不是一個億、兩個億，有的那一塊地就 1000 個億，拿過來拍賣。」「重慶財政局私下的一個官員向我透露，他們就收到了 9.3 個億。但是這個黑社會老大，這個 300 個億沒收啦！那個黑社會老大 900 個億沒收啦！錢去哪兒啦？財政局才收到了 9 個多億。」

李莊在總結時表示，唱紅是遮羞布和擋箭牌，擋著對薄熙來的質

疑。如果薄熙來成功當政的話，後果將很可怕，「在座的可能三分之一的人人頭落地了，所以誰有錢，誰危險。」

　　在提問階段，前中共政協委員劉夢熊問，當局提出「七不講」、不准大學教師講司法獨立，問李莊如何理解司法獨立。李莊引述《論語》回答說，「道之以政，齊之以刑，民免而無恥；道之以德，齊之以禮，有恥且格。」若用高壓酷刑治理國家，民眾戰戰兢兢，雖不犯法但內心廉恥未被喚起；而理想國家的法治理念應是用道德和禮儀疏導教化民眾。這才是他追求的理想法治境界。

## 薄熙來案真相任仍被掩蓋

　　2012 年 12 月 8 日，在「中國律師百年回顧與展望」高峰論壇上，傅洋稱，律師事業的發展，與改革開放、社會主義市場經濟的建立同步。他列舉了 30 年來給其印象特別深刻的四件事情：

　　「一是 1980 年代，鄧小平提出了建立 30 萬律師隊伍的設想。二是 1990 年代中期，國務院專門做出關於改革律師管理體制的決定。這直接推動了第一部律師法的制訂，對於後來律師事業的發展產生深遠的影響。三是本世紀初，有一次司法部曾經向中央報告要整頓律師，對這個報告胡錦濤同志做出一個批示，他首先強調的是律師隊伍是保證執法機關『執法為民』，防止司法腐敗的一支重要監督力量。四是兩年多前，重慶那一邊抓了律師，習近平第一次到北京的律師事務所進行調研。」

　　細心的讀者會發現，財經網的這個報導裡面，傅洋只提了鄧小平、胡錦濤、習近平的名字，而故意不提江澤民，這背後有深刻含義。

　　2012 年底，網上流傳一份王立軍的交代書，裡面說：「李莊案使薄熙來很勞神。薄熙來說：『彭真的兒子與他作對，不整倒李莊，臉往

哪放？』」於是，王立軍就偽造了證據，情節是編的、證詞是假的、判決是「走過場」，尤其是充當罪證的那張李莊洗桑拿浴的照片，是電腦技術合成的。但這事整大了，也整漏了，第一個回合，薄熙來贏了，把律師嚇破了膽；第二回合，薄卻尷尬地輸了。王立軍披露，輸就輸在胡溫都做了批示，說不能再判了。陳有西、賀衛方等律師也火了，正在串聯。但薄熙來不在乎，他說：「先給胡錦濤一個面子，找人盯住李莊。」

王立軍此時已經感覺處境不妙，於是監控了李莊的助手馬曉軍，恐嚇律師朱明勇等人，但效果似乎不太好。再向薄熙來彙報，薄說：「一不做，二不休，無『毒』不丈夫，下手不狠，怎麼能成事業？」於是，為了毀滅證據，又搞死了檢察官龔勇，因為他是文強案的知情人，當時是由他起訴的，他提出過異議。毒死龔勇之後，為了欺騙輿論，就給了他一個烈士的稱號。死了身上蓋了一面黨旗，還給了點錢，家屬還樂呵呵的呢！

不過，至今中國百姓也像龔勇家屬一樣被蒙在鼓裡，大陸官方一直在隱瞞薄熙來案的真相。原本是薄熙來、周永康的政變和反人類罪行，卻被以薄熙來的貪腐、色情或薄谷開來的刑事殺人案來定性。

2012年2月中旬，中共國家副主席習近平訪美期間，美國媒體「華盛頓自由燈塔」曾曝光王立軍移交美領館材料中，有關薄熙來、周永康聯手圖謀發動政變、最終廢掉將在中共18大接班掌權的習近平的計畫。戈茨2月21日在「美國自由燈塔」網站再次爆料稱，中共向美國索要王立軍交給美方的材料。

此前，大紀元也曾獨家披露，江澤民、曾慶紅、周永康、薄熙來等迫害法輪功的「血債幫」成員密謀，先在18大奪取政法委位置，然後再鞏固武警部隊的武裝力量，鞏固輿論、重慶模式的政治綱領等，等各方面成熟後再廢黜和逮捕習近平，此政變計畫已經完成了一半進程，未

曾想被王立軍逃館事件曝光摧毀、全盤崩潰。

　　而薄熙來的妻子薄谷開來在這場政變中擔任重要角色，英國人海伍德協助谷在海外做相關工作，涉及大量祕密，包括周薄密謀政變內幕，他被薄谷開來看成自己圈內人。薄谷開來不僅僅讓海伍德為薄家轉移大量資產到海外，海伍德也捲入參與薄熙來、薄谷開來活摘法輪功學員器官和販賣被迫害的法輪功學員屍體等罪惡事件，內幕驚人，海伍德因知道薄谷夫婦的大量祕密，最終被滅口。

　　更多詳情，請看《新紀元》出版的《中南海政治海嘯全程大揭祕（上、下）》和《薄谷開來案中奇案》、《被掩蓋的王立軍薄熙來案》。

中共太孫黨

第九章

# 萬里家族

1993 年 3 月 15 日中共人大會議上,時任人大委員長萬里(左)與當時的中共國家主席楊尚昆互動。(AFP)

第一節

# 「六四」時
# 江澤民在上海纏住萬里

萬里出生在 1916 年 12 月 1 日，如今 97 歲了，是現在唯一在世的鄧小平主政時期的「中共八大元老」之一。

普通百姓知道萬里這個名字，主要還是那句順口溜：「要吃米，找萬里；要吃糧，找紫陽」，說的是 1980 年代，萬里擔任安徽省委書記期間，支持和鼓勵包產到戶政策，和當時擔任四川省委第一書記的趙紫陽齊名，是農村改革的積極推動者。

萬里曾任中共中央政治局委員、中共人大常委會委員長、國務院副總理。1989 年，擔任中共人民代表大會常委會委員長的萬里在「六四」事件的關鍵階段出訪加拿大與美國。由於他和中共中央總書記趙紫陽長期的親密關係和相近的政治事蹟與主張，當時和之後的很多猜測都認為他可能傾向於支持學生和民主政治改革。

1989 年 5 月 10 日，萬里在出國訪問前的最後一次政治局會議中，表示將提議在中共人大常委會設立政府廉政委員會，得到中共總書記趙

紫陽的贊同，因此外界普遍認為他屬於改革派。5 月 12 日，萬里按計畫出訪，雖然他曾提議取消這個原定為期 21 天的訪問，但趙紫陽錯誤地認為局勢已經緩和，沒有接受這個建議。

5 月 13 日，學生運動發展到絕食階段，情勢發展超出了所有人預期。由於中共人大名義上是《憲法》規定的最高權力機關，而中共人大常委會有召集中共人大的權力，萬里在北美期間成為學生與中共高層積極關注的對象。假如萬里回到北京後，舉行人大特別會議，反對向學生開槍，鄧小平等人的屠殺令就可能無法執行，「六四」也許就是另外一番結局。

5 月 25 日，萬里提前返回時被安排轉道上海，由時任上海市委書記江澤民接機並轉達黨中央指示。江澤民竭力阻止萬里回京，並竭力威脅恐嚇萬里，最後逼迫萬里在 5 月 27 日按指示在上海發表了支持鄧小平的言論，當天的元老會議上，中共元老決定拖延他返回北京的時間，而選定的下任中共總書記江澤民則先赴北京「熟悉情況」。5 月 31 日，萬里才回到北京，但是此後從未發表過任何與鄧小平、李鵬等人意見相左的觀點。

1993 年 3 月，從政 60 年的萬里在多次主動要求後，被獲准退休。那時鄧小平南巡後還在繼續干政。

退下來的萬里給自己定了個「三不主義」和「一動一靜」的原則。不在其位，不謀其政，其三不主義是：「不問事、不管事、不惹事」，三條具體規定是：不參加剪綵、奠基等公務活動；不再擔任名譽職務；不寫序言不題詞。所謂「一動一靜」就是打橋牌和網球。2006 年萬里 90 大壽時，他對來訪的中共高官說：「我的身體很好，這主要是得益於我長期堅持『一靜』（打橋牌），鍛鍊頭腦預防老年癡呆，堅持『一動』（打網球），活動四肢保持血脈暢通，這兩項活動，只要堅持，我

相信人是可以活到 100 歲的！」

　　一直住在中南海「含和堂」的萬里，生活特別有規律，每天中午飯後要睡上一覺，起來之後去參加體育活動。每周打三、四次橋牌，兩次網球，偶爾打一次高爾夫球。吃飯一日三餐，比較素淡，有時喝點茅台酒和啤酒。他在飲食上不挑剔，比較喜歡吃狗肉、羊肉類的肉食。晚飯後看電視，除了新聞外他比較喜歡京戲。而讀書看報，則是萬里的喜歡習慣。

## 第二節

# 萬伯翱在農場十年被宣傳

萬里大兒子、知名傳媒人萬伯翱。
（新紀元資料室）

　　萬里和妻子邊濤共有五個子女：長子萬伯翱，次子萬仲翔，獨女萬叔鵬，三子萬季飛，幼子萬曉武。其中萬季飛：曾任中國國際貿易促進會會長，正部級官員。

　　萬里的大兒子萬伯翱，出生在 1943 年，一生經歷比較豐富。1962年 9 月，18 歲的他下鄉當了 10 年知青，大陸媒體說他 18 歲畢業於北京對外貿易學院，可能是貿易學院的附屬高中。1963 年 9 月 24 日，《中國青年報》頭版頭條以《市委書記的兒子參加農業勞動》為題，報導了萬伯翱下鄉的經歷。此後不久，周恩來在首都應屆中學畢業生代表大會上，還把萬伯翱稱為幹部子弟下鄉的典型。上海人民教育出版社隨即出版了《知青日記選》，精選了他的 18 篇勞動日記。全國一些報紙都先後報導了萬伯翱的事蹟。一時間，萬伯翱成了萬眾矚目的小「名人」，被有關部門樹為全國知識青年的「先進」典型。

　　1972 年春，在萬里已被定為「敵我矛盾，內部處理」的情況下，

萬伯翱被推薦到河南大學外語系。畢業後他曾在中共部隊工作，任鄭州總參炮兵學院外訓大隊辦公室主任，北京炮台科研所參謀，武警北京總隊九支隊政委，後轉業當國家體委宣傳司對外宣傳處處長，中國體育雜誌社副總編、社長、總編。2004 年退休後擔任中國傳記文學學會會長，《中國人物傳記》總編輯。

他的作品包括電影《三個少女和她的影子》，電視劇《少林將軍許世友》、《俠女十三妹除暴》，以他自己為原形的電視劇《大西北人》及根據他的散文改變的電視劇《賀帥釣魚》。他先後出版了散文集《三十春秋》、《四十春秋》、《元戎百姓共垂竿》、《五十春秋》、山東大型當代歷史人物傳記畫冊《中華泰山兒女》（、中國大型當代歷史人物傳記畫冊《中華齊魯兒女》等，《六十春秋》等書籍，他還任《散文世界》雜誌社社長。

第三節

# 「海歸」萬叔鵬

　　萬里以傳統的伯、仲、叔、季為序，以翱、翔、鵬、飛為意給兒女取名，最小的小五，便順取諧音叫萬曉武。萬里求孩子要自立自強。而五個子女也術有專攻。長子萬伯翱畢業於河南師範大學外語系；次子萬仲翔就讀於中國政法大學；女兒萬叔鵬畢業於北京廣播學院；四子萬季飛是北京大學的法學碩士；萬曉武則畢業於北京理工大學。

　　女兒萬叔鵬，原中創副總經理，女兒萬叔鵬是個清晰而透明的人，講話快人快語，做事雷厲風行。

　　萬叔鵬說，父親是個很執著的人，在政治上，他一直堅持自己的信念，認準的事情絕不退縮。「有一次，我和媽媽說他不懂得隨風而變，是『二杆子』，他生氣地說：『原則問題不能讓步，這怎麼是二杆子呢？』在生活上，他不喜歡搞排場，湊熱鬧，有時固執得讓人很尷尬。記得他還在當副總理的時候，一次到外地視察工作，一下車，當地領導把他迎進了一家餐廳，準備宴請他。結果他當時就火了，一言不發，拂

袖而去。」

文革開始後不久，萬里就被打倒並被關進北京萬壽路的一所特監。萬叔鵬也由一個革命幹部子女，一下子變成了黑幫子弟，學校裡到處都貼上了「打倒」、「批判」她的標語，她被限制自由，被造反派關押起來。這時，身陷囹圄的父親給她寫了封信，萬叔鵬說：「信中的大部分內容我已記不很清了，但是，有兩句話我始終沒忘，爸爸說：『我相信妳沒有任何問題，因為我堅信，有什麼樣的父親，就有什麼樣的女兒。』他的這番話，給了我巨大的力量，使我堅持下來了。」

在中南海，萬里家中有兩個名氣很大的東西，一個是院子裡的小菜園，另一個是院子裡的三棵香椿樹。1970 年代，鄧小平主持中共中央工作時，鄧將年富力強的萬里安排為鐵道部長，1976 年春批鄧時，萬里第二次被打倒，他的母親因擔驚受怕去世了。1977 年萬里任安徽省委書記，直到 1980 年代後，他才重回中南海，那時，中南海新院子裡又神奇地出現了幾棵香椿樹，有兩棵是邊濤請人專門移過來的，從此，每年春天全家又恢復吃香椿和醃製香椿芽鹹菜的傳統。

邊濤晚年患上老年癡呆症之後，萬里總是緊緊地拉著妻子的手，小心翼翼地，好像生怕妻子走丟一樣。女兒萬叔鵬回憶說：「媽媽患病後，爸爸更是很少外出，總是說要多陪陪媽媽。晚上，兩人也是經常這樣手拉手地在院子裡散步。」2003 年 10 月 23 日，邊濤去世，87 歲的萬里難抑悲情，他久久地站在妻子的床前，一邊流淚一邊自語：「妳走了，我怎麼辦呀？！」匆匆趕到萬家弔唁的李瑞環見此情景，也不禁為之動容。

二子萬仲翔從中國政法大學畢業後，曾在中共公安局、中信集團工作過，後來自己創辦了一家廣告公司。萬叔鵬夫婦開辦了一家建築設計所。而小兒子萬曉武則在美國從事技術工作。

　　身為萬家唯一的女兒，萬叔鵬深得父母的寵愛，熟悉她的人都叫她「小棉襖」（父母的貼心人）。萬叔鵬從北京廣播學院畢業後，曾先後到中共文化部、中國土畜產總公司工作。1980年代，眼看太子黨發大財，萬叔鵬和丈夫譚志民也想做生意，但被邊濤阻止。她很嚴厲地說：「你們別看著人家發財就眼紅，你們也別去做那些事情，你們只要保持住你爸爸清白的名聲就行了。」

　　1989年3月，萬叔鵬和譚志民再次前往美國，出國原因很簡單：「當時我們在國內壓力挺大的，做事總怕給家裡帶來一些影響，好像總是靠家庭的背景生活著，所以乾脆就出去了。到美國就簡單了，人家又不認識你是誰，全靠自己。」

　　萬叔鵬說：「剛到美國時我們很苦，我丈夫和女兒都在給別人打工，丈夫在搞建築設計，女兒在賓州大學上學，生活的壓力相當大。但我沒想過退縮，我們家的孩子這點都很像我爸爸，都是山東人的性格。像我哥哥，他在農村一幹就是十年，吃了多少苦啊！」

　　就在這種困難的時候，美國的一所大學找到萬叔鵬，他們提出想請萬里為學校題個詞，他們願意出四萬美元的酬金。但萬叔鵬一口拒絕了，因為她知道父親是不會同意的。

　　後來萬叔鵬夫婦回中國發展，夫婦倆開辦一間建築設計所，並在北京紫竹橋附近開了一間家具店，出售他們自己設計的家具，可能是他們的設計太前衛了，生意並不好。她說：「有一天，家具店裡來了一個人，據說是聯想總裁柳傳志，我們都不認識。他左看右看，很欣賞我們的作品，看了以後也沒說什麼就走了。因為生意不好，沒過幾天，我們就把這家店關了。誰知，聯想集團的一個副總又專門到紫竹橋找這家店來了，一看關門了，他就問旁邊的人，這家搬到哪去了。旁邊的人也怪，還不告訴他，無奈之下，他給了人家20元錢，才找到了我們的公司。

他說：『聯想集團準備蓋聯想大廈，想請你們參加投標。』當時，投標競爭得很激烈，參加投標的都是一些知名的大單位，最後，我們設計的建築方案最終得到了專家的認可和好評。不過，直到今天，聯想集團的領導們也不知道譚志民和萬家有什麼關係。』

　　不過，這是萬叔鵬的解釋，在北京官場圈子內的人，誰能不知道萬里寶貝女兒的夫婿是誰呢？萬叔鵬曾任中創副總經理。

## 第四節

# 萬季飛與萬曉武

萬季飛雖然在官場比較出名，但在民間網絡上，他遠遠比不上他的女兒萬寶寶更有知名度。（AFP）

　　萬季飛出生在 1948 年 10 月，1969 年 1 月參加工作。碩士學位，高級經濟師。歷任北京順義縣委副書記、寧夏回族自治區主席助理兼外經委副主任、北京市對外經濟貿易委員會副主任。1995 年 12 月任國務院特區辦公室副主任。1998 年 3 月任國務院經濟體制改革辦公室副主任。2000 年 2 月任中國國際貿易促進委員會、中國國際商會副會長，2003 年 5 月升任會長。11 屆中共全國政協常委。

　　2005 年 4 月，奧地利授予萬季飛「大金質勛章」（「大金質勛章」是奧地利授予外國商會會長或國際上有特殊影響的外國經濟、企業界人士的最高級勛章），2008 年 11 月，獲贈義大利對外貿易委員會特製獎

章（該獎章僅有三枚），以感謝中國貿促會對義大利對外貿易委員會在華 40 年工作的大力支持。

萬里給兒女取名，無論男女，都帶有飛翔的含義，唯獨最小的兒子取名叫萬曉武，這也可看出當時中國大環境下人們的心態。

1969 年，萬里把萬曉武送到中蘇邊境的黑龍江生產建設兵團，當時珍寶島剛剛發生武裝衝突，邊境形勢較為緊張。許多朋友勸說萬里緩一緩，但萬里謝絕了朋友的好意。出發那天，萬里把萬曉武送到大門口，掏出 20 塊錢遞給萬曉武說：「這錢你帶上，窮家富路嘛。」

萬曉武最先在中共國防科工委任職，現在美國開公司，萬仲翔曾在中共解放軍通訊學院任職，後面變化不詳。

萬季飛雖然在官場比較出名，但在民間網絡上，他遠遠比不上他的女兒萬寶寶更有知名度。

人們發現一個奇怪現象：很多中共高官子女的名字非常特別，表面上好像很土，但卻容易記，也朗朗上口，比如，萬寶寶、薄瓜瓜、李禾禾等，可能他們的父母想讓他們從一開始，從名字上就與眾不同。

第五節

# 萬寶寶：
# 第一個走進名媛舞場的中國人

出生頂級紅色豪門的萬寶寶是第一個
參加「克利翁國際名媛俱樂部」的中
國女孩。（Getty Images）

　　萬寶寶出生在 1981 年 10 月 21 日，父親是中國國際貿易促進會會長萬季飛，正部級官員。這位時髦女因出生頂級紅色豪門，自幼過著錦衣玉食的優裕生活。她從小跟萬里住在中南海，五歲就和各國元首一起吃飯，16 歲就到美國留學。萬寶寶開玩笑說她的父親對她過度栽培，小時候請來紅學專家陪她讀《紅樓夢》，16 歲那年就讓不懂英文的她到美國留學，接著還讓她去法國攻讀哲學並拿了個學位回來。如今考取了 GIA 珠寶鑒定證課程文憑的她，在香港創立了只供定製的個人珠寶品牌。

萬寶寶在美國學了法國文學和攝影，又跑到巴黎進修法文，她能說流利的普通話、粵語、英語和法語。不過最先讓萬寶寶出現在大陸公眾面前的，不是大陸媒體，而是西方媒體。

2003 年，毗鄰巴黎協和廣場的克利翁飯店舉辦「社交名媛成年舞會」，10 多個國家的公主、政商文藝名人之後悉數登場，19 歲的萬寶寶是第一個參加「克利翁國際名媛俱樂部」的中國女孩，跨入上流精英社交圈的她，立馬成為西方人眼中的「中國美女」。不過當時大陸媒體也沒有跟進報導，直到三年後陳曉丹參加後，大陸媒體才開始熱炒。

數百年前，英國貴族社會中有這樣一個傳統：年滿 18 歲的貴族少女會在指定的一天，穿上她們最漂亮的衣服，拜見女王。這表示這一年中社交季節的正式開始。這些少女被稱為「debutantes」，意為「初次踏入社交界的人」。1957 年著名的高級時裝品牌 Jean Patou 復興了這個傳統，1968 年因政治動盪而停擺，1911 年恢復，並選擇克利翁酒店（Hotel Crillon）為舉辦地。

每年的 11 月，位於法國巴黎協和廣場的克利翁酒店總會有一個特殊的夜晚。世界各地的名門貴族、各界名人明星在這晚聚集在一起，舉行一個盛大的舞會。這就是著名的克利翁名門少女成年舞會（Le Bal des débutantes de Paris）。受邀參加過這一舞會的中國名媛有萬寶寶（萬里委員長的孫女）、陳曉丹（陳雲的孫女）、Ariel HO-KJAER（澳門巨富何鴻燊的孫女）等人。

成名後的萬寶寶移居香港，修讀 GIA 珠寶鑒證課程，並在九龍尖沙咀創立了自己的高級珠寶首飾品牌店 Bao Bao Wan Fine Jewelry，她的珠寶設計以花朵、葉子、竹子、蝴蝶及紫禁城做主體，「表達她個人的愛情觀和家鄉情懷」，其中一枚瓖有南海黑珍珠和鑽石的 18K 白金戒指，售價高達 6640 美元。

有時尚媒體介紹萬寶寶的設計風格時說，「寶瓶耳環上的玫瑰金水滴潑濺欲出、亭子耳墜上的藍寶石流蘇聞風起舞、連翡翠這樣沉靜的寶石到了萬寶寶的手中也變得活潑起來。她的設計最大的好不是漂亮，而是活，就像中國花鳥畫的最高境界，傳神。與其說，她做出了最漂亮的中國珠寶，不如說她招牌的詩化風格把向來嚴肅的高級珠寶變成了充滿了生活意境的小情小趣。」

「她的設計是大多數人一眼就喜歡的，又有很強的設計感。早期的紫禁城、蝴蝶、亭子還尚且留存溫暖的童年回憶，到了寶瓶和翡翠系列，開始變得創意自如，用色和構圖更大膽。直到新近推出的 The Little Ones 系列，她的思路變得更寬，就像個『中國美學翻譯官』，用極細的白金鏈、碎鑽和小珍珠做出太極、熊貓、葫蘆、蝴蝶的樣子。價位和設計都極其可愛。」

面對評價，萬寶寶說：「其實我一點也不懂太極啊佛教，我只是把中國的傳統文化符號做成時髦的、美的小珠寶。」」

後來，萬寶寶給自己改名為萬熒女，有的寫成萬瀛女。不知為何取這個名字，可能去取輸贏的意思，讓萬家孫女贏上一萬次，永遠都是贏，不過有網友說，「這個名字總想人讓想一句中國古語：女人是禍水，萬惡淫為首，『萬淫女』，那是多麼可怕的人啦！」

據說萬季飛的妻子對女兒一向暴露的穿著並不加以管教，反而說這很美，於是，從小萬寶寶就養成了這麼一個風格，她自己也說，她要找的男朋友「很可能是西方人」，中國男人比較難接受她。

第六節

# 揭祕：
# 紅三代「中國公主」成人舞會

名媛舞會是巴黎傳統的介紹名門富家女兒進入上流社會社交圈的活動。圖為影星亞蘭德倫和布魯斯威利各自攜女兒為 2008 年巴黎克利翁舞會開舞。（維基百科）

　　隨著中共紅三代海外炫富、生活奢靡的報導不斷，一些中共紅三代參加巴黎克利翁名媛舞會也流傳的沸沸揚揚，而且近年來上海也出現了「中國式」的成人禮舞會，「笄・成人禮」舞會就是其中一個，這是中國權貴富豪們為自己的後代在社交圈中公開亮相的頂級盛宴，那些被稱為「中國公主」的受邀名媛們，很多都是「紅後代」。

## 「笄・成人禮」 名門後代必去的舞會

　　「笄・成人禮」舞會自 2010 年創辦以來，已經連續在上海舉辦了三屆舞會。據了解，舞會採用國際通行的提名人委員會推薦制，即獲邀女生須有提名人提名方可受邀出席。獲選標準為：品質高潔、漂亮、氣

質優雅、苗條、出身於華人世界「詩禮簪纓」（也就是名門之後），年齡則必須年滿 15 歲（及笄之年）至 24 歲（花信之年）之間。

從舉辦方的要求中看到的只有以上寥寥數語，但是業內人士表示，出身名門後代是入選的首要條件，家境也必須要是在金字塔的頂端；另外還必須要有社會名流、政商界大鱷的提名方可受邀出席。

同時，陪同女生完成「笄‧成人禮」舞會的男士們同樣要出身於「名門富豪」之家。這些人有香港企業鉅子的繼承人、企業家及「開國元勳」的外孫。

## 紅三代「中國公主」揭祕

「笄‧成人禮」近年來成了名門後代必去的舞會。據報，到目前為止出席該舞會的名媛不下 20 名。基本都是兩岸三地的名門後代，其中不乏紅三代。

1. 程穎婕（Rigel Davis）80 新生代名媛，其外祖父耿飆是前中共國務院副總理，母親耿弘是上海千兆商務諮詢企業的董事長。

2. 何超盈（Sabrina Ho），來自香港大學。是澳門賭王何鴻燊與梁安琪長女。其父何鴻燊是香港信德集團主席，以及澳門賽馬會主席。其母梁安琪為現任澳門立法會議員，是有「澳門賭王」之稱的何鴻燊的四太。

3. 艾倫圳未（英文名為 Vivian），來自四川，就讀於歐洲 The University of Bristol 服裝設計專業。其父艾欣，是四川三通企業集團公司董事長，全國工商聯執委，中國企業家俱樂部發起會員，清華大學特聘教授。

4. 陳笑雅，23 歲，畢業於美國波斯頓大學。目前在美國聖地亞哥

一家公司擔任駐中國市場營銷總監。她是中國當代農業學創始人沈學年的曾孫女。

5. 常爍，24 歲。來自遼寧瀋陽，北京電影學院表演系畢業。她的爺爺是中共解放軍 202 醫院院長。

6. 胡依☒（Auras Hu），19 歲，就讀於華盛頓大學二年級，是該校中國學生會主席。其父胡波作為留學生企業家代表跟隨胡錦濤於 2011 年 1 月出訪美國。其母韓小紅是慈銘醫療董事長。

7. 成舒恬（Effy），出生於北京，現就讀於悉尼大學。其父親系中國人民大學副校長。其母為月亮湖度假村集團副總裁。

8. 陳夢媛（Teresa），北京人，畢業於北京工商大學法學院，現就職於中建地產有限責任公司法律事務部。父親，陳永長，韓國企業樂天（中國）食品有限公司中國區總裁，此外名下還有一個水族業公司。母親，王洋，個人從事地產生意。

9. 田園，來自上海華東政法大學。其母親蔣明月，上海麥克瑞家居藝術有限公司藝術總監，上海市慈善基金會巾幗圓桌會員。

## 受邀參加巴黎克利翁舞會的中國名媛

名媛舞會是巴黎傳統的介紹名門富家女兒進入上流社會社交圈的活動。1992 年，法國社交大師奧菲利亞‧勒魯阿女士將這些活動復興，並向全世界的名門少女敞開大門，並選擇克利翁酒店為舉辦地。這是巴黎社交季唯一一個向全世界開放的貴族舞會。能拿到請柬進入「成年舞會」觀禮的，全球只有 250 個人。

每年的 11 月，世界各地的名門貴族、各界名人明星在這晚一起聚集位於法國巴黎協和廣場的克利翁酒店，舉行盛大的舞會。截至 2012

年，這項活動已經舉辦了 20 年。

《三晉都市報》的報導說，萬里的孫女萬寶寶是史上第一個參加「克利翁名媛舞會」的中共紅三代，此後還有陳雲的孫女陳曉丹。

也有消息稱賈慶林的外孫女李茉莉以 Jasmine Li 的名字曾於 2009 年隱瞞身分參加克利翁名媛舞會。當時，法新社的一篇相關報導披露，賈斯敏・李是中國一位領導人的外孫女。不過，在此前巴黎成人禮舞會提供的名媛資料中，只顯示她的國籍為中國，將選穿領導美國優雅風潮的設計師卡羅琳娜的作品，其餘關於她的陪伴人、身分地位則均沒有透露。

## 中共紅色後代留洋、掌財成潮流

中國大陸自鄧小平搞「改革開放」起，幾十年間從鄧小平、葉劍英、萬里到江澤民、李鵬、李長春、薄熙來、李肇星等等中共大佬高官，子女後代群體都跑到「美帝」國家留學，掀起「留學熱」，畢業後或移民定居，或回國賺錢，利用他們的特殊背景身分攫取國家財富資源，躋身巨富階層，多年來在民間引發熱議。

八老之後，總計 103 人，半數居住國外，即被他們父輩或祖父輩定義為「敵對勢力」的西方國家；而他們的最愛，則是那個最大的「敵對勢力」——美國。炫富，成為這幫紅二代、紅三代的公開標識。陳雲孫女陳曉丹，18 歲時（2006 年），就出現在巴黎名媛成年舞會，與比利時王子和義大利女伯爵共舞；後來與薄熙來之子薄瓜瓜兩人到西藏遊玩，享受特級待遇，全程警車開道。

王震的曾孫女，21 歲的王吉湘，英文名 Clare，新近「獲任」深圳寶德尊投資公司董事長。她曾在社交媒體上炫耀：在悉尼大學進修；頭

髮染成了寶藍色;指甲剛剛修過;生日有了新圍巾;在日本溫泉酒店度假;與香港影星成龍合影⋯⋯

江澤民孫子江志成留學哈佛大學畢業後,年僅 25 歲即在香港創辦博裕投資顧問公司。其第一期募資,當年就吸金 10 億。

被外界稱為紅三代大姐大的李鵬的女兒李小琳,1988 年在中國獲得碩士學位後,到美國麻省理工學院斯隆商學院任訪問學者。回國後李小琳出任中國電力國際發展公司的董事長,成為中國的「電力大姐大」,掌管總資產近 14 萬億。李小琳是電力行業所有這個級別的官員中年紀最輕的。

葉劍英的孫女葉明子曾在英國倫敦求學,在全球最著名的藝術設計大學聖馬丁大學(Saint Martins)學習,葉明子回到北京後,建立了一所工作室 Studio Regal,專門為電影導演、藝人、闊太太等有身分或有錢人士「定製高級時裝」,一套服裝的價格動輒幾千到數萬元。

一項對中共中央委員會的研究發現,中央委員當中 91％的人都有家人移民海外,甚至加入外籍;中紀委成員當中,88％的人都有親屬移民海外;而網路瘋傳稱據美國政府的統計顯示,中國部級以上的官員(包含已退位)的第二代中 74.5％擁有美國綠卡或公民身分,第三代中有美國公民身分達到 91％或以上。

還有學者稱,中共高層子女在取得海外公民身分後回中國發展的並不在少數,而許多所謂外商投資其實是中共高層貪腐所得的「改頭換面」。

第九章　萬里家族

中共太孫黨

第十章

# 宋任窮家族

（維基百科）

# 第一節
# 宋任窮家三美國公民一綠卡

　　宋任窮（1909年7月11日至2005年1月8日），原名宋韻琴，湖南瀏陽縣人。中共開國上將，曾擔任中共中央顧問委員會副主任、中共中央書記處書記、中共中央組織部部長、中央政治局委員、全國政協副主席等職，是鄧小平主政時期的「中共八大元老」之一。

　　據彭博社報導，儘管中共「八大元老」反對自由化和西化，但宋任窮的後代很多生活在美國。宋任窮育有二子五女，至少有五位在美國生活過，其中三位女兒已成為美國公民，一個兒子則取得了美國的綠卡。

　　宋任窮與妻子鍾月林在陝北結婚後，育有七名子女：長子宋克荒、次子宋京波、長女宋勤、次女宋彬彬、三女宋珍珍、四女宋昭昭和五女宋月飛。

　　報導說，宋任窮的三女兒宋珍珍到美國則是為了惡補自己的教育。她表示在美國再不用顧忌自己的言論。在過去20年的大部分時間裡，宋珍珍都在舊金山度過，曾在科技公司、私募基金和美國國際集團等公

司工作。目前開辦一家電子商務公司。宋珍珍的丈夫是陳雲的小兒子陳方。

宋昭昭是宋任窮最小的女兒，在 2012 年 11 月的美國大選中，宋昭昭的選票投給了奧巴馬。這是她第二次支持奧巴馬。

宋昭昭的長兄宋克荒每年在美國待兩次。宋克荒持有綠卡，在加州的住房價值 95 萬美元，其妻子、兒子都是美國人。其子米勒 12 歲來到美國，目前開辦了一家公司，製作塑膠雕塑。他認為自己並不是非常美國化的人，而是「五五」開的中國人和美國人。

彭博社報導還說，宋任窮的女兒宋彬彬（文革期間叫宋要武）在文革數年後來到美國，目前定居在波士頓。丈夫是一名美國公民。宋彬彬在麻省理工學院獲得博士學位後，進入馬薩諸塞州環保局擔任空氣質量測評工作。宋彬彬退休後每年從馬薩諸塞州拿到 1 萬 8000 美元的退休金。

宋彬彬在文化大革命期間的兩件事，一直飽受爭議。1966 年 8 月 18 日，宋彬彬作為紅衛兵的代表在天安門城樓上被毛澤東接見。在她為毛澤東戴袖章的時候，毛澤東問她叫什麼名字。她回答說：「叫宋彬彬。」毛隨即以開玩笑的口吻告訴她，「不要文質彬彬，要武嘛。」之後，「宋要武」這個名字紅遍大江南北。

而就在天安門受到毛接見的兩個星期之前，北師大女附中的書記兼副校長卞仲耘被宋彬彬和她的「戰友」毆打致死。卞仲耘是文革中被學生打死的第一位老師，隨後這種經常出現的現象蔓延到全中國各地。

據大陸網站爆料，宋彬彬的丈夫叫靳劍生，哈佛商學院的博士畢業生，改革開放後最早的國家赴美公費生。不過儘管是公費生，但畢業後不回國的也很多。

## 第二節

# 宋彬彬與宋要武

1966 年 8 月 18 日，宋彬彬為毛澤東佩戴上紅衛兵袖章，毛為宋改名「宋要武」。為李長春之妻，宋任窮之女。

　　宋彬彬文革時就讀北京師大女附中，擔任該校革命師生代表會副主席。1966 年 7 月 31 日，北京師大女附中成立了紅衛兵組織，成為紅衛兵頭頭。8 月 5 日，當時北京師範大學附屬女子中學中共黨總支書記兼副校長卞仲耘被批鬥致死，副校長胡志濤受重傷，當晚宋彬彬等人在北京飯店向北京市委第二書記吳德報告卞仲耘死因。卞仲耘為北京市第一個死於文革批鬥的教育工作者，民間普遍認為宋要武和她的死有直接聯繫，不過宋彬彬自己卻一直否認。

　　卞仲耘死後 13 天，1966 年 8 月 18 日，宋彬彬在天安門城樓上為毛澤東戴上「紅衛兵」袖章。毛問她叫什麼，回答說：「我叫宋彬彬。」毛隨口說：「文質彬彬不好，要武嘛。」於是宋彬彬改名宋要武，該中學改名為「紅色要武中學」。此舉引發了全國性的改名風潮，凡有「文」

字者皆一律改為「武」字。

宋彬彬當時 19 歲。

據劉青峰編《文化大革命：史實與研究》，中文大學出版社 1996 年版，曾慧燕《太陽為何不落山——「八九點鐘的太陽」記錄文革世代心路歷程》記載，當時紅衛兵以打死人越多越英雄，8 月 5 日當天，作為校革委副主任的宋彬彬就在學校，從下午兩點一直打到五、六點，「其間沒有一個人出來制止」。

千家駒（曾連任中共全國政協常委，經濟委員會副主任，社科院學部委員）在《自撰年譜》記載：「宋彬彬和人比賽，哪一個紅衛兵打死了六個人。她為了勝過那個人，就打死了八個人。」宋彬彬根本不管被打的人姓啥名誰，只要有人說一句這人是「牛鬼蛇神」就夠了，用皮帶、棍棒、鐵器活生生一下一下打死。

胡平《談宋彬彬的反對打人之謎——看有感》）文中記述與一個男生的談話：「我昨天在教堂打死八個。」他剛 15 歲，手裡提著一條渾圓的皮鞭，已經被血漬浸成烏黑色。他說話時是那麼悠閒自在，哪裡像殺人不眨眼的魔鬼？接著他描述了這樣的場面：王府井旁邊有一座天主教堂，紅衛兵先將十幾個修女遞解出境（當時《人民日報》曾作為紅衛兵的壯舉加以報導），後來便住在那裡。教堂裡儲存有罐頭食品，吃飯自然不成問題。每天先到派出所問：「誰是資產階級？」然後根據提名把這些「資產階級」帶入教堂，一帶便是一家人。三個紅衛兵揪一個，先將人推倒，有人喊：「一、二、三！」同時動手，皮鞭齊下。有專人拿著碼錶計時，看各組打死人都用了多長時間，當然用的時間最少的是「冠軍」。令人震驚的是：獲「冠軍」最多的竟然是宋彬彬等幾個女生。

對於紅衛兵的殺人行為，《解放軍報》發表評論，說紅衛兵的革命行動「好得很！絕非糟得很！」接著又是來自中共中央的「除四舊，立

四新」，「橫掃一切牛鬼蛇神」的號召，打、砸、搶、殺的烈火燃遍全中國。在崇文門，一位女地主竟被一壺壺開水（強制附近居民提供）活活燙熟而死；在東四，一個中學生被脅迫用啞鈴砸碎奄奄待斃的資本家父親的腦袋，那中學生因此精神崩潰而發瘋。

1967 年夏秋之交，發源於北京並以暴力與屠殺為特徵的這場「紅色風暴」席捲全國，僅在 8 月下旬，北京就有數千「牛鬼蛇神」死於非命。

宋彬彬 1980 年代考上了中國科大的研究生院，最後成了科學院的公費赴美留學生移民美國，到美國波士頓讀書，後來取得麻省理工學院地球化學博士。

2007 年 9 月北京師範大學附屬實驗中學（原為北師大女附中）在慶祝建校 90 周年時，將文革中的紅衛兵代表宋彬彬評為 90 名「榮譽校友」之一。此事引起廣泛爭議。

## 第三節

# 中國人是牛還是雞？

　　2008 年 1 月 5 日，美國之音記者東方做了個長篇報導，《打死校長的「榮耀」宋彬彬 vs. 王友琴》文章稱，「2007 年 9 月 8 日，北師大實驗中學在人民大會堂舉辦了盛大的『光榮與夢想』校慶 90 周年慶典。學校全體師生、部分校友、部分退休教師、領導嘉賓、外國使節、香港姊妹校師生等近 6000 人出席了慶典。」

　　慶典由中央台主持人羅京，鳳凰衛視主持人、北師大實驗中學校友陳魯豫、北師大實驗中學音樂教師梁樂、北師大實驗中學初二五班謝依一同學共同主持。

　　根據校方的報導，在慶典上，學校對校慶活動中網上公開投票評選的 90 名知名校友頒獎，其中包括校友宋彬彬。校方網站介紹說：

　　「宋彬彬，女，畢業於 1966 年。1966 屆高中三班。宋彬彬在校學習時熱愛學習，熱愛集體，關心同學，尊敬師長，嚴格要求自己，積極參加社會工作，高三加入中國共產黨。在 1966 年 8 月 18 日，主席接見

紅衛兵時，為主席佩戴上紅袖章。在文革中曾受江青等人迫害，後響應國家號召去內蒙插隊；十年動亂後，出國求學、工作，研究生學歷。」

引起爭議的是「1966 年 8 月 18 日，主席接見紅衛兵時，為主席佩戴上紅袖章」這句話。

在宋彬彬自我介紹中，她稱自己獲得了麻省理工學院的環境與行星科學博士學位，而且是本系第一位華人博士學位獲得者。在她長長的自我介紹中，她根本沒有提及「紅衛兵」、1966 年、沒有道歉、沒有辯解、什麼都沒有。這或許是她在美國生活的行之有效的竅門，但是她的母校卻不是她的歸化國——美國。

很多人對宋彬彬吹噓她在美國的成功，同時隻字不提她在高中時的舉動感到憤慨。人們稱她是母校的恥辱，說北師大女附中 90 年校慶是一個無恥的校慶。

北師大女附中的行為也引起卞仲耘丈夫的強烈憤慨。今年 87 歲的王晶垚 2007 年 12 月 22 日寫了一封致北師大附屬實驗中學校長袁愛俊的公開信。公開信中他提出了三條要求：

「第一、1966 年 8 月 5 日，原師大女附中（師大附屬實驗中學）的紅衛兵在校園裡，在光天化日之下將卞仲耘同志活活打死。凶手慘無人道，用帶鐵釘的棍棒和軍用銅頭皮帶毆打，用軍靴踐踏，折磨達數小時，其過程令人髮指！宋彬彬是當時學校的主要負責人之一。她對卞仲耘之死負有不可推卸的責任。現校方在知情者明確提出異議的情況下，仍堅持將『知名校友』的榮譽授予宋彬彬。對此，我不得不提出強烈抗議。

第二、現北師大附屬實驗中學校方公然違背中共中央關於文化大革命的結論。將宋彬彬的活動和『8.18』事件作為光榮業績加以炫耀。這是對中國全體文革受難者及其家屬的再一次最嚴重的傷害，對歷史的褻

瀆。這種肆無忌憚的舉動,是公然誘發『文革』捲土重來的危險信號,應該引起全黨、全國人民的警覺。」

王晶垚提出的第三條要求是要求校方做出明智的處理,撤銷授予宋彬彬知名校友的榮譽稱號,並將處理結果通報海內外校友和在校師生員工;組織全體在校師生,尤其是要組織學生認真學習中共中央否定文化大革命的決議,讓青年學生認清文革曾經給國家和人民帶來的巨大災難。

卞仲耘丈夫王晶垚提出的三條要求,雖然沒有見諸於中共官方媒體的報導,卻在中國中文互聯網上獲得聲援和支持。

香港《動向》雜誌刊登中國獨立知識分子冉雲飛的一篇文章,題目是《文革惡之花再度開放》。文章說:

宋彬彬是一朵「文革惡之花」。沒經歷過血雨腥風文革的人大概並不知曉,她在文革可謂紅遍中國。她不僅開文攻武衛之先河,而且開打死自己所在學校校長老師之先例,更因此「血染的風采」而受到毛澤東於天安門城樓的接見,並欽賜其更名為「宋要武」。

至此,其「不愛紅裝愛武裝」之血染的「風采」傳遍大江南北,成為紅衛兵打砸搶,以及進行派系鬥爭、人身傷害的楷模。文革死亡人數的確切數字,現在當然無法弄清,但死亡人數之眾多,可謂怵目驚心。雖然並非每一件血案都與宋彬彬有關,但宋彬彬如此榜樣,所起的教唆作用,是無論如何脫不了干係的。

冉雲飛還說,一個人犯錯當然應該受到批評譴責,但犯了錯死不認錯,這樣的人無論如何不應該再度成為受人追棒的榜樣。

冉雲飛還從宋彬彬談到了一批移居到美國,然而卻反對民主和自由理念的美籍華人學者。他說:這些人身居民主自由的美國,享盡自由民主的好處,卻想繼續把自己裝扮得乾淨體面,愚弄母國民眾乃至反對母

國推行民主自由的海外中國人，包括像宋彬彬這樣的「文革惡之花」，
不知尚有多少？研究文革及中國諸多災難的學人，應該有義務向人們公
布這一切真相。

　　雖然宋彬彬沒有在自己的介紹中談到文革中的經歷，但是她當時寫
的一篇文章卻白紙黑字成為中國寶貴的歷史文件。1966 年 8 月 19 日，
也就是她在天安門城樓上被接見後的第二天，宋要武在《人民日報》和
《光明日報》發表了題為《我給毛主席帶上了紅袖章》的文章。文章說：
　　「過去，修正主義的教育制度緊緊地束縛著我們，想把我們革命的
楞角都磨光磨圓，把我們磨成不敢造反的文質彬彬的書呆子。今天，在
無產階級文化大革命中，毛主席給我們指明了方向，我們起來造反了！
我們要武了！」

　　後來，北師大女附中也改名為「紅色要武中學」。這個學校在慶祝
校慶的時候，沒有提到這段歷史。

　　宋彬彬後來在美國接受媒體的唯一採訪，是在卡瑪拍攝的紀錄片
《八九點鐘的太陽》中。宋彬彬和幾個當年紅衛兵頭頭以面部被馬賽克
模糊處理的方式在卡瑪的紀錄片中出鏡。宋彬彬否認《人民日報》的文
章是她寫的。她說：「破四舊呀，抄家呀，我一次都沒參加過。但是到
處都是我的謠言，就說給毛主席戴紅袖章的『宋要武』，怎麼怎麼樣打
人。我覺得特別地委屈，因為我一直是反對打人，反對武鬥的。」

　　宋彬彬還說：「報紙上發表了一篇文章，題為《我給毛主席帶上了
紅袖章》，通篇文章用的是第一人稱，而且呢還署名一個我根本不知道
的名字叫宋要武，攔一個括號，宋彬彬。真沒想到報紙為了宣傳的需要，
竟能夠這麼無中生有的給我安上這麼一個名字，而且以我的名義去發表
這麼一篇文章。」

　　「我覺得為了這個名字使得那麼多的人受到迫害，覺得非常的難

過，我們當初想的是批判文化教育界的資產階級修正主義路線，現在這個文化革命已經跟我當初參加的時候所想的距離太遠。」

這也是宋彬彬唯一一次通過媒體對那段歷史作出的反應。

當年卞仲耘的丈夫王晶垚接到妻子被打死的通知後急忙趕去醫院，他看到的是妻子遍體鱗傷的冰冷屍體，特別是卞仲耘的頭部，腫得很大，而且全部呈烏青色。當時北師大附中的紅衛兵頭目和「革籌會」頭目見了王晶垚，王不認識這些年輕的面孔，於是請求寫下他們的名字，這張有七個名字的紙片，王晶垚一直保存，而據說這七個名字的第一個，就是宋彬彬，她當時是學校紅衛兵的負責人之一。

有的網民認為，人人都有趨利避害的心理。在那個瘋狂的年代，19歲的宋彬彬還只不過是一個不懂事的孩子，她是犯了錯誤，但是讓她承擔文革武鬥導致成千上萬人死亡的全部責任也有失公道。

還有一位網民認為，這個問題的關鍵是民族不敢勇敢地正視文革的傷疤。他說：「一個民族不敢直面自己的陰暗面，用把頭埋在沙子裡的招數對待醜惡的過去。畢竟不是解決問題的方法。」

「行惡者被獎賞，勝者為王的暴力歷史觀，至今還是公開的歷史觀。對暴君的無恥宣揚，其實就是北師大附中校慶風波背後的深層次原因。沒有深刻的反思，我們每一個人終將重新履及泥污，陷在暴力的威脅下無法自拔。無法棄惡，何以揚善？」

獨立中文筆會刊登晉松的文章，分析了「宋要武們」的不懺悔或以罪為榮的心理是否跟大陸官方對文革的態度有關。晉松寫道：

「試想一下，如果在德國某個學校，某個『知名校友』的照片也登上紀念冊，但裡面的照片是該校友給希特勒獻花，那將是怎樣的一個場景？但當代的德國絕不會出這樣的『大不韙』。因為德國政府以及民眾真正發自內心地深入了解納粹真相！這種行為的醜惡在德國民眾中是

『心知肚明』的。正是由於德國從上到下對納粹罪行徹底懺悔，才有了今天的良好形象。」

「而我們國家呢？從上到下，甚至沒有真正意義上的『研究』、『關注』文革，除了掩蓋真相，還長期阻礙民間的研究與關注，更遑論『反思』與『懺悔』了！所以『宋要武們』今天的『表演』，並不讓人感到太意外。」

## 王友琴為文革死難者著書建園

美國之音在此節目後段，也要介紹了在北師大女附中 90 年校慶中沒有被推選為「知名」校友，卻在海內外受到高度尊重和評價的王友琴。文革後，王友琴以當年高考狀元的分數考上北京大學中文系，後來又獲得中國社科院文學博士學位，現在是美國芝加哥大學的學者。

王友琴在文革中，親眼看到自己的同學和紅衛兵毆打和侮辱老師和校長。這些青少年不但用皮帶和帶釘的棍棒將老師和校長們打得死去活來，還用開水澆他們，強迫他們吃糞便。很多師長不堪殘害和羞辱而自殺。

在良心的驅使下，這位傑出的北師大女附中的校友利用自己休假的時間自費回中國，用微弱的聲音呼喚著整個民族即將消亡的慘痛記憶，她以精衛填海的方式來挖掘那段史無前例歲月中的殘暴與血腥。先後出版了《1966：學生打老師的革命》、在互聯網上建立了「文革受難者紀念園」。

2004 年，她將整理出的 659 位文革死難者的個案和資料彙集，在香港《開放》雜誌社的協助下，出版了第一本關於文革非正常死難者傳記的書籍《文革受難者：關於迫害、監禁與殺戮的尋訪實錄》，全書

50 萬字。

　　王友琴在書的序言中，講了一個意味深長的故事：「同樣是動物，在看到同類被殺之後，牛群會拒絕前往同類被殺的地方，哪怕那裡青草肥美，並會發出悲傷的吼叫。而雞群卻不但仍然在同類被殺的地方嬉戲玩耍，還會爭搶被屠宰的同類的內臟一飽口福。」王友琴是從一個文革中下放到農村餵養牲畜的教師那裡聽到這個故事的。她說：「對活在文革後時代的普通人來說，我們都被置放到了牛和雞之間的某個位置。」

　　試問自己：我要做牛，還是雞呢？

## 第四節

# 宋克荒舉報美女富豪
# 十年才結果

2013 年 7 月 18 日，新華網、人民網都眾多大陸媒體報導說，成都國騰電子科技股份有限公司（下稱「國騰電子」，300101.SZ）實際控制人何燕已被中共中紀委帶走調查。其實曾上福布斯富豪榜、被稱為「美女富豪」的何燕，早已在 6 月下旬被帶走。

18 日，上市公司國騰電子在停盤半天後，中午發布公告，稱公司從何燕家人處獲知，何燕因個人「涉嫌非法經營」正在接受湖北省宜昌市公安機關調查，目前尚未能與何燕女士取得聯繫。儘管國騰電子竭力解釋何燕沒有參與上市公司的管理、她的被抓與國騰電子無關，但當天國騰電子的股價還是跌停了盤。

人在四川成都的何燕，為何公安部要出動湖北宜昌的公安來抓人，很明顯，孟建柱安排異地公安執行任務，就是不想讓四川公安插手。

## 宋任窮兒子舉報何燕

搜狐財經在題為《被開國上將後人舉報的億萬富翁》一文中稱，早在 2000 年 12 月，就有一個很有影響力的人向公安部舉報過何燕的國騰公司涉嫌侵占巨額國有資產，那封指控她「涉嫌侵占巨額國有資產」。舉報人就是建政上將宋任窮的兒子宋克荒。

宋克荒是宋任窮的大兒子，1945 年 3 月出生。1970 年畢業於清華大學，因反對江青、林彪被定為反動學生留校審查。1984 年曾任國家經委處長，1988 年任人大外事辦辦公室副主任，1992 年至 2005 年任商地置業公司總經理，退休後 2010 年任中國扶貧開發協會老區基金理事長。

文章稱，現年 68 歲的宋克荒是民政部所屬「中國扶貧開發協會老區基金」理事長，退休前他是國企商地置業的總裁，也是成都國騰通訊有限公司四大股東之一。1997 年 8、9 月間，正是宋克荒先後兩次飛赴成都考察成都國騰項目後，立即拍板投資的。國騰剛開始的業務是 IC 卡電話機，第一筆大單子也是經過宋克荒的努力，最後以「支持民族通訊產業」的名義，從吉林拿過來的 2000 台 IC 卡電話機訂單。

當年何燕創業時，沒多少背景，很大程度上靠了有深厚資源的宋克荒。隨著公司業務的增長，1998 年初，何燕著手準備「MBO」即管理層收購，國騰 1995 年 9 月 22 日註冊時，占 62％股權的中儲成都（集團）投資服務公司，占股份 30％的四川省郵電科研規劃院都是國有單位，何燕引進它們是為了資金，而引進商地置業同樣也是為了資金。

因為宋克荒認為何燕的「MBO」計畫太過大膽，怕涉嫌侵占國有資產觸犯刑律所以拒絕了。

而後，何燕通過一系列複雜的運作，終於通過「四川華威」這家

公司控股了成都國騰，國騰也從國資背景的企業變成了何燕的企業。期間，四川郵電規劃院、四川日報社等多家四川的單位參與了運作，可見何燕在川中頗有人脈。

對此，宋克荒很憤怒，一直不在相關文件上簽字，作為一開始的大股東，宋克荒及商地置業一直不予簽字，導致上市帳目無法完備，只好作罷。

對於宋克荒的舉報，2003 年公安部曾委託四川省公安廳專門對國騰是否涉嫌侵占國有資產進行調查，但由成都市高新區公安分局具體寫成的調查報告認為，在國騰系列企業變更過程中，並不存在國有資產流失情況，不予立案。

不過宋克荒一直鍥而不捨地舉報，長達十年。也因為宋克荒的舉報，何燕也從當年的高調，變得低調起來。

## 攀附李春城、郭永祥背後的周永康、江澤民

人們不禁要問，何燕有什麼後台，居然讓建政上將的兒子舉報了 10 年也沒告下來？哪怕工商局都開出了罰單，她依然能長袖善舞般地把公司推上市圈錢？何燕不光是上市公司國騰電子的控制人，也是借殼旭光公司上市的幕後老總。是哪個國企違規借錢給何燕呢？為何成都國資局把到嘴邊的肉要吐出來餵給何燕吃呢？這背後的黑後台是誰呢？

《21 世紀經濟報導》2013 年 7 月 22 日引述知情人士的消息稱，何燕與多位四川前省領導關係密切，包括原四川省委副書記李春城、原四川省副省長郭永祥等。李春城在任職成都市委書記期間，就曾親自指示成都市屬國有企業，與何燕的公司進行合作。7 月 23 日，中共官媒新華網以標題《知情者稱四川被查女富豪與李春城關係密切多次合作》轉

載報導，人民網等以及大陸各大媒體也紛紛轉載報導。

不過，李春城、郭永祥都是地頭蛇，背後的大老虎是周永康和江澤民。

早在 2001 年，中國唯一一條 6 英吋 0.5 微米模抑集成電路晶片生產線在成都奠基，總投資 12 億，2002 年建成後年利潤達 3.7 億。這是四川實施電子資訊化的一號工程。時任四川省委書記的周永康、張中偉、王榮軒、李春城等省市高層都出席了 2001 年 1 月 21 日的奠基儀式。

該工程由資訊產業部和四川國騰通訊公司共同出資興建。2001 年 2 月 6 日中國第一個大學生創業園在成都高新區奠基，規劃面積六萬平方米，國家科技部及省市領導前往祝賀，這也是由國騰公司的全資 3000 萬所興建。國騰公司於 1999 年 8 月在成都高新區成立，註冊金 50 萬元，主要生產 ip 電話機，產品由中國電信包銷。

據博訊網報導：2000 年 3 月何燕的國騰向建設銀行高新支行提出 2000 萬元貸款申請，因無固定資產抵押未獲通過，後在周永康的親自過問下，由省建行直接貸款給該公司，這筆貸款通過多家證券公司炒做股票共獲利 1.25 億。

2000 年 4 月應國家煙草專賣局要求，成都五牛足球隊被命名為五牛國騰隊參加聯賽。在 2000 年中李嵐清等多個中共高層專程前往該公司視察。在西部論壇召開前中央電視台兩次專訪該公司，會後該公司獲西部專項貸款 10 億。這個公司的老闆就是江綿恆。

何燕國騰集團被查，還有一個案子就是教育用地弊案，1999 年周永康在國土資源部部長轉任四川省委書記後，放行以辦校為名的何燕，用平均每畝價格低至僅為同期商業用地市價的 3％，進行徵地約 2000 餘畝，但學校建成後實際占地只有約 1100 多畝，餘下 900 餘畝土地被囤積起來，後與成都高投合作商業開發。此手法如出一轍讓趙本山以辦

學名義，在瀋陽南郊的蘇家屯區，以 8000 萬圈到當時要價七個億、目前市價 20 億的 300 畝教育專用地，再於日後非法變更為商業用地。

## 北斗導航 與政法委聯手撈錢

不過軍用與民用目的兼具的北斗導航系統，才是何燕坐穩富豪的搖錢樹。據大紀元專欄作家陳思敏介紹，可用於情搜、偵察、監視和通信的北斗導航系統，更是各地各級公安系統最愛的維穩工具。特別是每次中南海開會，就大量布署安保，以去年 18 大為例，京警一口氣就新增啟用 500 套以上的北斗定位終端。

講到政法系統維穩經費的採購花銷，就不能不提 2013 年 4 月，因一名英商被判刑而曝光的公安部大醜聞。那就是將價值只有 20 美元的假「炸彈探測器」高價賣給中國、伊拉克等國的軍隊和員警的商人 James McCormick，被英國法庭判定欺詐罪。而 McCormick 當庭表示，其賣出所得實際上以大量傭金回流至採購國官員的口袋。McCormick 舉例，在伊拉克政府支付給他的 4900 萬英鎊中，他僅拿到了 780 萬英鎊。

英商 McCormick 以普通的高爾夫球尋找器佯裝高科技的炸彈探測器，在 1995 年，美國 FBI 就通知是騙人的假貨。但在 2002 年，中共公安部門把它引進中國，並在 2004 年開始在重點城市推廣，在 2008 年用於奧運後，中國各地開始廣泛使用於「春運」等安保檢測工作，甚至四線鄉鎮也以查緝煙花爆竹為由大量採購。而公安部的統一採購單價普遍為 28 萬元人民幣左右。

據估計，軍民兩用的北斗衛星導航系統的市場價值為 4000 億元，而這塊巨大蛋糕的最大掠食者便是國騰電子的何燕，但何燕豈能不孝敬幕後大老闆周永康？另 20 美元一個的高爾夫球尋找器，公安部卻以炸

彈探測器為名用 28 萬人民幣的高價採購，而騙局的始作俑者透露八成用於回扣賄賂採購官員，那時任公安部部長、政法委書記的周永康，豈能不被查？

## 四川多個富商被捲入江習鬥

18 大以後，習近平與江澤民在各個領域展開激烈的搏擊。

前政法委書記周永康一直被視為是江澤民的左膀右臂。1999 年江澤民迫害法輪功後，周充當打手，被江澤民看中，在「17 大」成為政治局常委。作為曾經掌控中共最大的間諜系統的「政法王」，周永康手中也掌握了很多高官的黑材料。習近平動了周身邊的人，其實就是動了周永康，直指江澤民。

18 大後，多名與周永康有關的高官落馬。原四川省常委、省委祕書長、已退居二線跟隨周永康 18 年的心腹大祕郭永祥被中紀委雙規，四川省委副書記李春城，湖北政法委書記吳永文也都紛紛落馬。

在此過程中，四川省與周永康等有關的富商也紛紛被調查，其中包括：四川富商成都會展旅遊集團董事長鄧鴻；四川金路集團董事長劉漢；郎酒老闆汪俊林；四川省成都市最大的國企，成都工業投資集團有限公司董事長戴曉明等。

外界評論說，何燕聰明過人，但她為了一己之私蠶食國有資產，而且還傍錯了人。她跟隨周永康賺黑心錢，當初周永康得勢時，連宋克荒都告不倒她，現在周永康被查，她和鄧鴻、劉漢、汪俊林等人一樣，也大走楣運，難逃法網。

中共太孫黨

# 第十一章

# 朱德家族

朱德（右）1935 年 10 月 15 日於假抗日、真逃亡
的紅軍「長征」途中。（AFP）

## 第一節

# 朱德死亡內幕

朱德（1886 年 12 月 1 日～ 1976 年 7 月 6 日），中共「十大元帥」之首。1949 年中共建政時，朱德已經 63 歲了，基本上他的孫子輩才和太子黨同齡。

文革時，朱德由於年歲高，基本退出了政治圈，但毛澤東在死前也沒有放過朱德。毛澤東故意拖延周恩來的膀胱癌不讓動手術切除，變相害死周恩來半年後，毛澤東也設計害死了朱德，因為毛擔心他死後，這些「老傢伙」會干涉他的傳位計畫。

大陸一直流傳說，中共前國家副主席、人大委員長朱德死得很離奇，外界流傳「意外」感冒和「投毒滅口」不同版本。

《同舟共進》2012 年第七期發表周海濱採訪朱德唯一兒子朱琦之妻、年過八旬的趙力平的口述歷史，證實朱德「意外」感冒情節，並表示隨後的醫療組治療時，「打這個針可能不利，可能越打越壞」，但醫療組拒絕換藥。朱德在「意外」感冒十餘天後不治身亡。

據朱德兒媳趙力平口述，1969 年 10 月，以「加強戰備、疏散人口」
為由，80 多歲的朱德離開北京，被指派到廣東從化，妻子康克清隨行，
所有消息被封鎖，不得離開住所。這樣的狀況直到 1970 年 7 月才結束，
朱德和康克清回京後，住在北京萬壽路的「新六所」，再也沒有回中南
海的住處。朱德身邊的祕書全部被趕走或打倒，重新安排工作人員。

趙力平和朱琦第一次到「新六所」看望他們，帶上了幾張大字報
給他們看，剛張口說：「你們在廣東的時候，聽說……」話還沒說完，
康克清連忙用手示意不要講下去，指指桌子底下，附在趙力平耳邊說：
「別說了，說多了不好。」趙才明白她擔心家裡安了竊聽器。

1976 年 6 月 21 日，朱德會見澳洲聯邦總理馬爾科姆・弗雷澤。朱
德按時來到人民大會堂。時間到了，但外賓還沒到，外交部也沒來消息，
他只好在休息室等候。工作人員急得四處打聽，最後才被告知，會見時
間推遲了，但之前竟沒人通知。朱德一直等到外賓來，堅持到會見結束
才回家。他獨自在冷氣開放的大會堂待了近一個小時。回到家中不久，
便感到身體不適。

當時中共中央專門為朱德成立了醫療組，組長是中共中央軍委副祕
書長蘇振華，副組長是李素文。成員有姚連蔚、吳桂賢、劉湘屏等。劉
湘屏是當時的衛生部部長、謝富治的老婆，同江青關係密切。她住在三
樓，每天都要來看朱德一次。康克清對趙說：「她的態度和神情，都使
我感到她對朱老總缺少真誠的關心。有一次，我聽見她問負責朱老總醫
療的主管醫生：『還能拖多久？』大夫說反正現在正在搶救，情況不太
好。」劉湘屏和江青去看望朱德。江青說：「總司令好！」朱德沒吭氣
也沒抬手，沒反應。

趙力平的女兒是醫生，跟奶奶康克清提出，說朱德打這個針可能不
利，可能越打越壞。康克清就建議醫生換藥，醫生不聽，說是專家組織

的意見。十多天後的 1976 年 7 月 6 日，朱德死亡，終年 90 歲。

趙力平表示，其實朱德平時身體很好，不吸煙也不喝酒，喜歡運動，每天還做自編的體操，自己吹著口哨掌握節奏。誰也沒有料到，會因為這次接見外賓的「意外」引起感冒而去世。

據學者陳破空在《中南海厚黑學》一書中披露，會見外賓當晚，朱德突發重病，緊急送醫就診。按照慣例，當班醫生需從中央保健局調到朱德病歷，然而情形如此緊迫，卻竟然調不到病歷。原來兩天前朱德的病歷已經被人神祕調走。朱德病情日重一日，十餘天後不治身亡。

事後朱家覺得事有蹊蹺，要求查證，卻得知為朱德治病的當班醫生，已經突然死亡。朱德妻子康克清後來逢人便說，汪東興一日不開口，真相一日不得白。汪東興是毛澤東親信，當時任中共中央警衛局長。朱家暗示，朱德死於謀殺。

## 「投毒滅口」版死亡內幕

有港媒報導了另一個驚悚而廣為流傳的版本是「投毒滅口」之說。據說在朱德追悼會上有一個規定，任何人不得揭開蓋屍體的黨旗。當時所有人包括朱德的親友都遵守這條「鐵的紀律」，唯獨福州軍區司令員、中將皮定鈞違反了規定。結果，朱德的屍體面容焦黑，連裸露的雙手也是焦黑的，呈現出經典的中毒徵兆。

無獨有偶，80 年代初由大陸的現代史料編刊社出版的《中共五十年》一書中，記載了王明遭毛澤東下毒的事件。次日，皮定鈞急乘專機返閩，飛機到達福州上空時撞山，機上七人都被燒成了焦炭。登機人中有兩人是毛的衛戍軍 8341 部隊的人員，由於查出其中六人的手槍有開火的痕跡，所以不少人推測，飛機上可能發生了滅口與反滅口槍戰。

## 朱德文革初被批判

中共中央的檔案館裡，有一份標號為「19660523」的會議記錄。此份文件記錄了 1966 年 5 月的政治局擴大會議在 23 日的會議中對朱德的嚴歷批判。地點：人民大會堂河北廳；主持人：劉少奇。

在批判會上，時任中共人大委員長朱德，被說成有野心，想披黃袍。周恩來批朱德不可靠，是常委中定時炸彈。朱德感到很無奈：「說我是不是有野心？我 80 歲了，爬坡也要人家拉，走路也不行，還說做事？事情我是管不了了，更不要說黃袍加身。」

據悉，此會議是在毛澤東授意下進行，目的是警告與會者——即使朱德這樣的老帥也必須俯首貼耳，絕不能成為「文革」運動中的絆腳石。

朱德，1886 年 12 月 1 日生，四川儀隴人。1909 年加入中國同盟會，參加辛亥革命。1922 年加入中共，歷任中共軍委副主席、解放軍總司令、中共軍委副主席、國家副主席、中共人大委員長等。1955 年被中共授予元帥軍銜。

朱德與其獨子和么孫三代人均不得善終。朱德 1976 年蹊蹺死在毛澤東之前，朱德獨子在文革中曾遭迫害，致病，於 1974 年死亡，終年 50 多歲。朱德么孫朱國華在 1983 年鄧小平發動的「嚴打」運動中，以「流氓罪」被槍決，死時 25 歲。

毛澤東利用醫療手段害死人的案例很多，除了周恩來、朱德之外，劉少奇也可以說是「病」死的，不給予治療，自然就死了。不過，利用醫療手段來對付政敵，這只能算是消極被動的政治手段，因為前提是對手患病在身。如果政治異己身體很好，不生病怎麼辦，這就要靠積極的、主動的政治手段——暗殺、政變。

毛澤東讓朱德、周恩來、康生這些「身後必反之人」走在了自己前

面，但中共黨內還有鄧小平、葉劍英、陳雲、李先念等人，這些人也是身後必反之人，但他們身體很好，沒大毛病，從醫療上無法下手，那就讓這些人靠邊站，等於在政治上把他們的手腳捆住。毛讓陳錫聯負責軍委辦事組，張春橋負責軍隊政治。這樣就能幫助華國鋒與江青鬥敗被捆住手腳的老傢伙們。不過毛沒想到，自己剛死不到一個月，就變天了。

## 第二節

# 朱和平：空軍少將

朱德之孫政協委員朱和平 2013 年 3 月
參加人大會議。（新紀元資料室）

　　朱德先後有六個妻子，才只有一個兒子朱琦（1916 年至 1974 年 6
月 10 日），和一個女兒朱敏（1926 年至 2009 年）。

　　兒子朱琦與兒媳趙力平共有四子一女：朱援朝（1951 年～ 2013
年），朱德長孫，前津薊高速公路董事長，朱和平（1952 年 10 月），
次孫，空軍指揮學院副院長；朱全華，三孫，任職海軍裝備部；朱新華，
孫女，醫生；朱國華（1957 年～ 1983 年），四孫，在天津鐵路部門工作，
1983 年 9 月「嚴打」期間被天津市高級法院判處死刑，執行槍決。

　　朱德長孫朱和平，中共空軍少將軍銜，預警與電子戰專業，現任空
軍指揮學院副院長，高級工程師，博士生導師。

　　朱和平說，在他小時候爺爺曾訓示「生活上你們要自力更生，不要
依靠我，也不要靠我去當官。」朱和平在一本舊筆記本中寫著，「我要
在逆境中求生存，學會忍耐。」這句話的落款時間是在 1967 年 3 月，

就在那一年朱家面臨巨大變故，朱德遭變相軟禁，其妻被遊街示眾。

朱和平從小就在朱德身邊生活，他很珍惜爺爺留下的每一件遺物。他曾回憶道：「爺爺一生對衣著沒有特別的要求。他有一身較好的衣服，平時捨不得穿，只是在接見外賓或外出時才穿，一回到家裡馬上就換下來。以至於爺爺去世後，竟找不到一件新衣服為爺爺換上。」

朱和平指著朱德的遺物說：「這件浴衣爺爺穿了 20 多年，這條棉被也蓋了 20 多年，補了很多次，臨終前還用著它。爺爺有一把椅子，靠背有些矮，頭靠不上。工作人員怕他長時間坐著辦公不舒服，就徵求他的意見，想給他換一把。爺爺就是不同意，最後讓工作人員把椅子靠背接高了一截繼續使用。」在朱德生前使用過的雙人床前，朱和平的妻子郭曉敏說：「這張床在爺爺去世後，康克清奶奶一直使用了 16 年……」

在為數眾多的朱德遺物中，有一個盒裝的刺繡床罩，色彩絢麗，做工考究，顯得格外醒目。朱和平講，這件床罩是 1958 年金日成贈送爺爺的，爺爺幾次要上交，有關部門沒有同意，但爺爺說啥也捨不得用，一直保存到去世也沒有用過。

## 朱德之孫「嚴打中」被槍斃

1983 年中共中央作出《關於嚴厲打擊刑事犯罪活動的決定》，在此次嚴打中，朱德的孫子朱國華因流氓罪被槍斃，死時年僅 25 歲。他在天津市和平區睦南道 100 號姦污女性 30 人，當時人稱那裡為淫窟。

1997 年刑法修訂，「流氓罪」被刪除。有人為朱國華打抱不平。

1983 年「嚴打」期間，天津一天內處決了 82 人，朱國華就在裡面。他那時 25 歲，剛畢業的大學生，在天津鐵路系統工作。與朱國華一起被槍斃的還有天津警備區政委的子女。

1974 年 6 月 22 日，朱德唯一的兒子朱琦剛剛去世 12 天之後的一家合影。前排左起：康克清、朱德、趙力平；後排為趙力平的五個孩子，左起：朱國華（五子，1983 年 9 月以「流氓罪」被處決）、朱和平（次子）、朱全華（四子）、朱援朝（長子）、朱新華（三女）。

朱國華的母親回憶說，朱國華不愛說，不怎麼出去，他喜歡畫圖，製作寫字台、單人床，像個「小木匠」。家裡也不像人傳的那樣，地上有地毯，桌上有電視機，都沒買。

她說：「當時的形勢是『嚴打快打』。當時有人說把責任都推到國華身上，朱國華有他爺爺朱德，肯定不會難為他，於是國華被推到最前面，結果其餘人被放，最年輕的國華被槍斃了。

這個事情在社會上傳得沸沸揚揚。有很多不實的傳言，比如說：『鄧小平找康克清談話了，做她的思想工作。』『康克清很氣憤，說：這是在朱老總頭上動刀子！』『康克清去天津了解情況，想給孫子減刑。』『朱家的子孫都不是康克清親生的。她沒有感情。』

其實，康媽媽從未介入此事，也沒有任何領導人找她談過話。有人說，康媽媽在飯桌上對著孫子們發火：『你們出了問題，不是個人的事，是在折騰你爺爺！爺爺有話在先，你們如果不爭氣，做了違法的事，要我登報聲明，與你們斷絕關係！』這話我也是沒聽過。

有人說朱國華並沒有死。但我並沒有見過，沒見過也不會相信。別人說，時候不到，時候到了會團圓的。我已經聽到不止一人說朱國華未死。30 年已去，死不死無所謂了。」

第三節

# 朱成虎：核恐嚇美國

朱德家後代最出名的是朱敏
的兒子朱成虎，曾以核恐嚇
聞名世界。

朱德家後代最出名的是朱敏的兒子朱成虎。朱敏，原北師大教研室主任，後任北京軍地專修學院院長，朱敏和丈夫劉錚生有三子一女：劉建（後改名朱成虎），中共解放軍防化研究院副院長；劉康，從事中德之間的商務交流；劉武，解放軍某研究所大隊長，女兒劉敏是法語翻譯。

朱成虎（1952 年 1 月～）是中國的鷹派人物，原名劉建，外祖父朱德為他改名為朱振武，後又改名為朱成虎。朱成虎 1969 年當兵，先後畢業於中國人民解放軍國際關係學院和中國人民解放軍國防大學。現任國防大學防務學院院長、國防大學教授，中共少將。

2005 年 7 月 14 日在一場由香港明天更好基金會主辦、北京政府協辦的記者會上，朱成虎回答有關中國如何因應美國介入台海衝突的問題時以英語發表核武反擊美國言論。他說：「如果美國人用他們的導彈或制導武器襲擊中國領土內的目標區，我認為我們將必須以核武反擊。如果美國人決心干預，我們就決心反擊。因為以常規武器進行的戰爭，中

國沒有勝利的可能，中國不首先使用核武器的承諾，並不包括用於自衛的情況。我們已經做好犧牲西安以東所有城市的準備。當然，美國人將必須做好犧牲數以百計的城市的準備。」

朱成虎還說，中國領土包括台灣和中國的船艦和飛機。該言論在國際社會引起軒然大波，並引發美國眾議院反應。

英國大報《每日電訊報》7 月 16 日發表社論《北京狂徒》稱，朱的談話讓人聯想到毛澤東 1957 年的同樣談話，當時毛說全球有一半人口將毀於核武，但「帝國主義」也將因此化為烏有。

美國《阿肯色民主黨報》7 月 19 日社論稱，朱成虎是一名「流氓將軍」，他的講法應是經過更高層領導的評估，用以測試美國的反應。但令人擔憂的是，如果他的思維是中國普遍的戰略思維，那麼世界就有麻煩了，又將回歸到一個「確定同歸於盡」瘋狂世界。

《民主黨報》社論呼籲，在後蘇聯及後「911」的時代，美國必須更加注意西太平洋地區的安全，「不要讓一名瘋狂的將領引發任何事端」，而提高警覺是自由必須付出的代價。

解放軍國防大學位於北京西北郊，是中共最高軍事學府，直屬中共中央軍委掌管。

## 北京授意

有評論人士認為，朱成虎的言論表明，在使用核武問題上，中共已撕下了偽裝的面具，變得赤裸裸，以前還利用北韓做喉舌，現在乾脆讓自己的將軍跳出來直接威脅美國。

儘管朱強調是自己的個人意見，但專家認為，中國並不是一個可以自由表達個人想法的地方，一名解放軍高階軍官更不可能向全世界媒體

無的放矢。

美國克萊蒙研究所亞洲研究中心主任湯本 2005 年 7 月 20 日在《聯合早報》發表文章表示，雖然北京指這是個人言論，但是實際上是北京為對付新形勢所主導的嚇阻戰略。

湯本表示，稍微了解中共外交史的就可以看出，朱成虎關於核武反擊美國干涉台灣問題的言論，並非屬於個人，而是官方刻意安排的，因為中國歷來謹守「外交無小事」的原則，何況軍方人士談論外交事務，更是敏感的課題。

湯本透露，他曾數度與中國社會科學院台灣研究所所長余克禮等被視為鷹派的學者，和華盛頓的專家談起北京的立場，其中有許多人認同他的觀點。他說，北京透過一個官階不高、但是專業的少將出面，說出中南海不能當面對美國人說的重話。

當時正在歐洲訪問的台灣大學政治系教授明居正 2005 年 7 月 19 日在接受奧地利《新聞報》（Die Presse）專訪時也表示，朱成虎以核武對付美國的言論代表部分中共軍方的真實想法。

明居正說，不論中共人大通過《反分裂法》或朱成虎的核武威脅論，其實源於內政問題，尤其是貧窮鄉村示威日增。為重拾人民信任，北京操縱民族主義，中文有句俗語說「殺雞儆猴」，在今日中國如果示威者是猴，那台灣就是雞。

明居正還說，儘管中共政府激化口頭威脅台灣，讓台海爆發戰爭的可能性增加，但還不到急迫的地步。

曾在中共官方新華社工作 27 年，「八九六四」後曾在法國國際廣播電台擔任中文部主任的吳葆璋表示，朱成虎講話其中最主要的一句是：不首先使用核武器的原則可以改變。

在各國，使用核武原則和核武的使用，都是掌握在國家元首手中。

如今，一名少將公然對外宣布，不首先原則也可以改變。人們不禁要問：既然如此，那還有什麼原則不能改變呢？

吳葆璋認為，近年來中共少壯軍人躊躇滿志，自信羽毛已經豐滿，迫不及待要在戰場上求取霸業功名。台灣是契機，美國是對手，少將明碼叫陣，軍艦也是國土。

因此他認為，朱成虎講話是政變的先兆。

中國著名民運人士魏京生也多次表示，中共的本性是「為達到目的可不惜一切手段。」當面臨垮台時，中共可能會發動一場戰爭來凝聚民心，延緩其政權的死亡。他透露，當時中共許多地方的軍工企業已接到大量訂單，製造武器。有來自大陸南方的消息說，一些本來已準備破產的軍工企業近期接到命令和訂單，上級說可能打仗。前北大新聞學院教授焦國標也認為中共崩潰前可能會向文明世界宣戰，因此文明世界需要攜手面對這個問題。

美國國會眾議院 2005 年 7 月 20 日以口頭表決的方式通過一項修正案，要求中國政府立即糾正這位高級軍官的錯誤。來自科羅拉多州的共和黨聯邦眾議員坦克雷多是修正案的發起人。

坦克雷多在大會辯論中說：「這項修正案表達了國會的立場，要求北京共產黨政府對朱將軍的言論予以否定，並且解除他的職務。我還要求中國政府重申以和平方式解決台灣問題，並且明確宣布放棄以武力對付台灣。」

2008 年過世的眾議院國際關係委員會資深民主黨議員蘭托斯當時也表示，朱成虎的言論十分危險，與美中兩國試圖增進雙邊關係的努力格格不入。蘭托斯說：「中國對美國發動核武器攻擊將會引發兩國的一場核武器大戰，導致幾億人死亡。中國的政治領導人完全明白這種事情。我希望他們會迅速對朱將軍的言論予以否定，撤銷這位早該退休的

官員的職務。」

## 七年後變軟 中美不該打仗

七年後的 2012 年 7 月 18 日，任中共國防大學防務學院院長的朱成虎在一個研討會上表示，中國「必須將核武現代化」，因為飛彈防禦系統的布署，「或將降低中國核子嚇阻的可信度」。「因此，北京需要提升生存與滲透的能力……不然我們會非常難以維持核子嚇阻的可信度。」

美國每年投入約 100 億美元發展、測試與布署飛彈防禦系統，歐洲飛彈防禦也是此系統的一部分。

中國到底有多少枚能夠打到美國本土的核導彈？ 2012 年 2 月 24 日，美國科學家聯盟核信息項目負責人漢斯‧克里斯滕森稱，目前的這個數字為不到 50 枚，但到 2025 年將超過 100 枚。克里斯滕森稱，按照這個數字，中國戰略核力量的發展比美國中央情報局的預測晚了 10 年。

當時隨著中日在釣魚島問題上的不斷升級，中日雙方海上力量對比日益引起廣泛關注。原中共海軍裝備技術部部長鄭明表示，海軍實力沒有超過日本，一旦雙方在海上遭遇，中國靠的是人不怕死。

評論表示，海戰不同於陸戰，現代海戰早已是超視距作戰，比拚的是科技含量和裝備質量，原海軍裝備技術部部長居然冒出「中國靠的是人不怕死」？

2012 年 3 月，對於美國國防部透露計畫在亞洲建立導彈防禦系統，中共國防部也只是做出了低調回應「可參考外交部早前的表態」。3 月 27 日，中共總書記胡錦濤在首爾出席核安全峰會上表態，中國將繼續推動徹底銷毀核武器。《環球時報》在 6 月 4 日評論中稱，中國將在未

來很多年裡劣勢於美國，中國的結盟能力也將大大遜於美國。中國不與美國鬥力，要鬥智慧，鬥胸懷，鬥堅持。

到了 2012 年 9 月，朱成虎在美國訪問時又說，中美之間打仗是不可想像的，和則雙贏，戰則雙輸。中美開戰，中國打不贏美國，但美國也會因此喪失世界領導地位。明智的政治家都知道，中美兩國不願意打仗，也不應該打仗。

太子黨是中共這個怪胎產下的畸形兒，是其維持獨裁體制的長期壟斷，也是企圖從血緣層面強加給中國民眾的世襲形式。自古人傑地靈的中華大地誕生了多少仁人志士，帝王領袖，都沒有這種極其特殊的邪惡集團傳承形式。如今，在中共太子黨、太孫黨綿延不斷的黨子、黨孫壟斷下，民眾只能忍辱在特權的圈子外，飽受暴政摧殘，溫飽無保證，自由更無期。面對這個魔教衍生出來的利益壟斷集團，中國人民只有走向解體共產黨一途，才能贏得民主、自由與幸福。那時，所謂的太子黨這樣的怪胎也就自然消失了。

中國大變動系列 **014**

# 中共太孫黨
## ——十大太子黨家族第三代發跡內情

**作者**：新紀元編輯部。**執行編輯**：王淨文 / 張淑華 / 黃采文。**美術編輯**：吳姿瑤。**封面設計**：R-one。**出版**：新紀元周刊出版社有限公司。**電話**：886-2-2268-9688（台灣）852-2730-2380（香港）。**傳真**：886-2-2268-9610（台灣）/ 852-2399-0060（香港）。Email:mag_service@epochtimes.com。**網址**：www.epochweekly.com。**香港發行**：田園書屋。**地址**：九龍旺角西洋菜街56號2樓。**電話**：852-2394-8863。**台灣發行**：高見文化行銷股份有限公司。**地址**：新北市樹林區佳園路二段70-1號。**電話**：886-2-2668-9005。**規格**：21cm×14.8cm。**國際書號**：ISBN978-988-12360-6-7。**定價**：HK$98 / NT$398。**出版日期**：2013年12月。

**新紀元**
NEW EPOCH WEEKLY

www.ingramcontent.com/pod-product-compliance
Lightning Source LLC
Chambersburg PA
CBHW030338270326
41926CB00009B/878